Miguel de Unamuno

He visto España en tus ojos

Antología poética (1907-1936)

Autorretrato, 1902

Diseño de Colección: Rocío Areán

© Edición de J. L. Gallero

© Árdora Ediciones-2025

ISBN: 978-84-88020-86-4

D.L: M-23118-2025

CONSEJO EDITOR DE LA COLECCIÓN:

Vicenç Altaió, Noni Benegas, Daniel Bolado, Julia Castillo,
José Luis Gallero, Mar García Lozano, José María Parreño.

Con el apoyo de AMAR (Amigos de Árdora)

ÍNDICE

Presentación

José Luis Gallero

He visto España en tus ojos *

Desde su condición extranjera, siete insignes hispanófilos —Rubén Darío (1867-1916), Robert Curtius (1886-1956), Alfonso Reyes (1889-1959), Gerald Brenan (1894-1987), Jean Cassou (1897-1986), Jorge Luis Borges (1899-1986) y Paul Landsberg (1901-1944)— nos han legado valiosos retratos del escritor ibérico por excelencia —«compendio y símbolo de la naturaleza española […] el español por antonomasia», señala Américo Castro [1]—, el único que dominó las cinco lenguas peninsulares, como atestigua su tan brillante como ineficaz discurso en las Cortes Constituyentes de la República Española [2]. En 1909, Darío firmó en la prensa de Buenos Aires la primera de esas semblanzas [3], que Unamuno rescatará catorce años más tarde en el prólogo a *Teresa*, singular conjunción de poemario, novela y autobiografía. El artículo establece la pauta que determinará la recepción de la poesía unamuniana —unamunesca, unamúnica o unamúnida, a gusto del comentarista—, tanto a la hora del reconocimiento incondicional («Miguel de Unamuno es ante todo un poeta y quizá solo eso»), como de las objeciones que se convertirán en lugar común de la crítica: «No es, desde luego, un virtuoso […] ciertos versos suenan como martillazos». Sin embargo, subraya: «Para expresarse así hay que saber mucha armonía y mucho contrapunto».

Dejándose llevar por ineluctables afinidades electivas, Curtius presenta a Unamuno como un espíritu caballaresco, entregado a la complicada empresa de explorar al mismo tiempo las locuras de su corazón, los caminos de su tierra y la idiosincrasia de su tribu. En el ensayo que le dedica en 1926, el estudioso alemán observa: «Quien quiera penetrar en el alma de su pueblo, tendrá primero que desescombrar la entrada y expulsar a los tradicionalistas que obstruyen el acceso a la tradición» [4]. Dos años más tarde, el poeta español concede: «Para reconstruir sobre el viejo solar, lo primero es desescombrar, y yo me he dedicado sobre todo a la tarea del desescombro» [5]. Tan higiénica función comienza por el propio yo —«los torrentes de lava de su temperamento»—, prosigue por lo religioso —«Del cristianismo, solo toma

---

* (*Cancionero*, 15-IV-1928).

13

Unamuno la idea del Dios doliente [...] el ansia de inmortalidad»— y desemboca en lo político: «La tarea del escritor debe ser romper la coraza de sus semejantes, "miserables esclavos del sentido común" [...] Unamuno es el despertador de su nación. Un *excitator Hispaniae*. A él debe España haber resurgido de su apatía».

Alfonso Reyes, embajador de México en Francia entre 1925 y 1927 —tras una fecunda década de residencia en España—, evoca: «Le vi en París por última vez. Estaba desterrado. Nos recitaba sus versos sin hacer caso del tráfico callejero; uno de sus sonetos contra el Directorio Militar de Primo de Rivera estuvo a punto de costarnos la vida en una bocacalle de los Grandes Bulevares. Su figura de búho, con aquellas gafas, aquel sombrero, aquella barba, aquel traje negro, aquel cuello de pastor protestante, aquella chaqueta sin solapas, estaban creando una moda [...] A la hora del café se entregaba a los deleites de la cocotología o arte de las pajaritas. Disponía sobre el mármol de la mesa sus elefantes, águilas, canguros, pingüinos, en medio de la curiosidad general que poco a poco le rodeaba, obligándole a huir de repente y abandonar sus criaturas en manos de las modelos de Montparnasse, que se disputaban el botín [...] Alma en guerra civil, allá en lo íntimo de su ser relampagueaban todas las tormentas de España» [6]. Dos décadas antes, durante su estancia madrileña, lo había descrito casi en los mismos términos: «Nos recita sus versos, relampaguea, truena y lanza rayos hablando de los males y esperanzas de la patria [...] Estamos delante de un hombre: ángel y demonio, rebeldía y humildad, guerra civil en la conciencia; acometividad y sed de concordia, y, sobre todo, sentimiento trágico de la vida» [7]. En uno de los libros custodiados en su biblioteca —consigna García Blanco, discípulo y sucesor en la cátedra de Salamanca—, don Miguel se hace eco de un refrán español citado por el mexicano: «Dios me dé contienda con quien me entienda». ¿Cabe formulación más precisa de una identidad antitética?

El primero de los textos que Borges le dedica [8] hace hincapié en el «desdén de la retórica que ha motivado en él otra retórica distinta», elogia «la apasionada intimidad de sus versos», su «asombroso candor», y menciona la querencia unamuniana por el neologismo, aunque a la hora de citar ejemplos no acude a los más felices (*desnacer, desensueño, solitariedad, intrahistoria, exfuturo, nadismo*...), ni hace referencia al más español de ellos —*desvivirse*—, tan caro a nuestros místicos y a Cervantes: «Como Don Quijote —señala María Zambrano—, él pudo decir: "Que yo nací para vivir muriendo" [LIX]. Pero este vivir muriendo es vivir desviviéndose, es decir, aprendiendo a resucitar» [9]. Dos artículos, cuyos títulos no pueden ser más elocuentes, dedicó el argentino a la muerte del «poeta relojero que viene a dar cuerda a muchos relojes parados», como lo describió Machado [10]. En "Presencia de Miguel de Unamuno" [11], aborda un punto decisivo: en qué medida una «lectura metódica» de su obra revela la cualidad más genuina de la escritura unamunesca: su capacidad de transmitir al lector «la presencia casi carnal del hombre Miguel de Unamuno». "Inmortalidad de Unamuno" [12] se inicia con una advertencia obligada: «En el caso de Unamuno, se corre el riesgo de que la imagen empobrezca irreparablemente la obra».

Es posible que las reflexiones de Landsberg [13] sean las más hondas entre las muchas y muy hondas consagradas al «maestro de herejes» —así lo califica Bergamín— por Zambrano, Aranguren, Ferrater Mora o Julián Marías, por no citar sino a discípulos de Ortega, que fueron quienes mejor parecen haber descifrado sus claves. «La cuestión sobre la esencia de España —discurre Landsberg, epígono de Heidegger asesinado en un campo de concentración a los 42 años— coincidía con el problema fundamental de su vida. Unamuno es un yo completamente problemático. Nada humano, ni, sobre todo, español, le resulta ajeno [...] Su *Sentimiento trágico de la vida* [1913] se nutre del duelo dialogado entre la razón y el corazón. Se deja llevar por el espíritu del lenguaje; filosofía es al mismo tiempo filología. Ningún otro escritor se agita como él en una esfera de patetismo auténtico. Patetismo proviene de padecer: padecer ese dolor donde Unamuno reconoce la base de la vida. Quien se ocupa de su obra, tiene la sensación de hallarse en presencia de un fenómeno espiritual. Unamuno entabla conversación íntima con el lector [...] Existen muchas formas de ortodoxia. Ninguna le es posible. Desprecia todos los ismos, y no mantiene relación alguna con partidos».

Recuérdese la anécdota transmitida por María de Maeztu: «Un día, los periodistas le preguntaron en los pasillos del Congreso a qué partido político pertenecía. Don Miguel contestó: "A ninguno; todavía estoy entero"» [14]. O el testimonio de Carlos Esplá: «En 1917, Unamuno escribe: "Los Imperios centrales podrán vencer a los Aliados; pero a mí, no"». Corresponsal en París del diario *Las Provincias*, Esplá fue testigo de la destreza del poeta en el arte de la papiroflexia: «Mientras hablaba, sabio y torrencial, sus dedos se movían. Un día de 1925, en París y en febrero, le nació un búho sobre la mesa de un café [...] Este búho sagrado, viejo ya, pero con el ojo vigilante, lleva escrito sobre sus alas de papel este poema de Unamuno: "El búho, el pájaro de Atenea, el símbolo de la ciencia, ve en lo oscuro, pero no ve en pleno día"» [15]. El inventario es amplio. Jiménez Fraud evoca: «Alguien me trajo dos fotografías. En unas de ellas, Unamuno, sentado bajo un chopo de la Residencia de Estudiantes, hace pajaritas de papel. Una alumna norteamericana admiró un cóndor que acababa de construir, y, galantemente, el Rector se lo regaló, escribiendo en una de las alas: *Made in Spain*» [16].

«Desgarrado entre la vida y la muerte, muerto y resucitado a la vez, invencible y siempre vencido», anota en "Retrato de Unamuno" Jean Cassou, traductor de *La agonía del cristianismo* (1925) y *Cómo se hace una novela* (1927), inclasificable artefacto donde «el mejor poeta que tenemos y uno de los más grandes que hemos tenido», a juicio de Pérez de Ayala [17], se anticipa a Pirandello. «Acosado por todos lados, su gesto continuo es el de atraer hacia sí todos los conflictos», prosigue Cassou. Un pasaje de *La agonía del cristianismo* —«¿Venció? En esta lucha, vencer es ser vencido»— prefigura ya la más célebre de sus declaraciones, inspirada, precisamente, en otro poeta desterrado, Victor Hugo: «Nada tan estúpido como vencer; la verdadera gloria es convencer» [18], de quien el propio Unamuno asegura: «Fue un poeta, y fue un poeta porque era un político» [19]. En 1931, trece años después del final de la guerra que convirtió en héroe al mariscal Pétain, Paul Valéry —figura con quien nuestro poeta comparte notables afinidades, ya reseñadas en otro lugar [20]—, secretario por entonces de la Academia Francesa, aprovechó su discurso de recepción a Pétain para rememorar la catástrofe: «Los escritores vieron sobre todo la cantidad de balas perdidas y el tiempo perdido en perderlas […] "Vencer es avanzar", se decía. Hubiese podido decirse: "Vencer es convencer"». El orador parafrasea aquí las mismas palabras de Hugo que un lustro más tarde, también en presencia de militares, pronunciará Unamuno: «Venceréis, pero no convenceréis». La máxima reverbera en Machado —«Cuando los hombres acuden a las armas, la retórica ha terminado. Porque ya no se trata de convencer, sino de vencer» [21]— y María Zambrano: «No parece haberse cumplido el anhelo de una victoria sin vencido, de una victoria que consista íntegramente en convencer» [22]. No obstante, Emilia Pardo Bazán, interlocutora y amiga de los dos proscritos, se anticipó a todos: «Índole de la raza española, a quien es más fácil dominar que convencer» [23]. En el apartado de los poetas expatriados, es obligado citar a José Martí, de quien Unamuno afirmó: «Era hombre de acción inmediata, como todo verdadero poeta» [24].

En *Historia de la literatura española* (1951), Brenan no solo constata su condición fronteriza —entre fe y razón, pasado y futuro, y cuantos principios opuestos se quiera, subrayando que «era parte esencial de la naturaleza de Unamuno que ninguno de los campos obtuviera la victoria»—, sino la impresión manifestada por Landsberg de hallarse «en presencia de un fenómeno espiritual»: «Quienes le han oído hablar, nunca olvidarán la experiencia». Tal observación no difiere, en esencia, de los comentarios de Borges y Reyes, eco, sin duda, del célebre título unamuniano de 1916: *Nada menos que todo un hombre*. Alumno suyo en Salamanca, Francisco Ynduráin corrobora, a su vez, las palabras del escritor británico: «Quienes hemos tenido la fortuna de escucharle, no podemos olvidar la profunda penetración de su voz» [25]. Muy consciente del *fenómeno* —ya prefigurado por Ovidio en su exilio junto al Mar Negro: «¿Ves que mis dísticos tiemblan?» (*Tristes*, III, 56)—, Unamuno advierte: «Soy yo, lector, que en ti vibro» [26]; y cinco años antes: «¿O es que crees, lector, que yo no sé que estás escribiendo conmigo esto que los dos leemos?» [27]. Tras alabar su «estilo sencillo, que va directamente al grano», Brenan testifica: «Dedicó toda su vida a la tarea de educar a sus compatriotas [...] *Del sentimiento trágico*, el libro más grande de su clase que se haya escrito en español, es también uno de los más representativos, porque el conflicto que atormentaba a su autor es el conflicto del pueblo español. Tiene que ser todo o nada». A la hora de juzgar su producción poética, reitera muchos de los reproches habituales, desde su tosquedad «de aficionado» a su «insensibilidad para los valores auditivos». ¿Habría rectificado su juicio el hispanista cuyos restos reposan en el Cementerio Inglés de Málaga, caso de haber leído el *Cancionero*, inédito hasta 1953?

Monumental diario en verso integrado por más de mil setecientos poemas fechados entre 1928 y 1936, el *Cancionero* abarca los últimos ocho años de la vida del «mayor poeta que España ha tenido en lo que va de siglo» (Cernuda [28]), incluidos los dos últimos de su destierro en Hendaya, el lustro republicano y los primeros seis meses de la Guerra Civil. Editado en Buenos Aires por Federico de Onís diecisiete años después de la muerte de su artífice, apenas ha logrado ingresar en la tradición de la poesía española contemporánea, quedando relegado al restringido ámbito académico, las no menos restringidas ediciones de sus obras completas o el mercado de segunda mano; es decir, se ha visto desposeído de aquella «mayoría selecta» de lectores que el poeta buscó para otorgar a sus creaciones «dureza y duración» más allá de la muerte: «Tengo prisa en vivir, y para mí vivir es vivir en mis lectores, en mi posteridad contemporánea» [29]. «Unamuno es mucho más minoritario que ningún poeta español de cualquier tiempo», sostenía ya en 1950 Juan Ramón Jiménez en una carta a José Luis Cano. Aunque nunca cita el *Cancionero*, da pruebas de conocerlo, pues en una conferencia de 1953 recita una de las versiones del que comienza «Arlanzón, Carrión, Pisuerga...», precedido de estas palabras capitales: «El único escritor contemporáneo a quien yo llamaría, con verdadera justicia, "grande", porque tiene las cualidades positivas y negativas de los grandes, ya que un grande no puede ser nunca perfecto ni completo» [30]. Pese a su empeño en considerar a Unamuno poeta modernista, ajeno a la corriente popular, las conversaciones con Ricardo Gullón (1953-54) dejan patente la estima que sentía por la poesía unamuniana: «Tiene esparcida por su obra mayor cantidad de calidad que cualquier poeta clásico». Aparte de juzgar *El Cristo de Velázquez* (1920) «uno de los libros más hermosos de toda la lírica española», el onubense formuló la más sintética glosa que se haya hecho del bilbaíno: «Poesía antigua contemporánea española» [31]. Solo la intimidad que ambos cultivaron durante sus encuentros y estancias en la Residencia de Estudiantes —para cuyas prensas cuidó Juan Ramón la edición en siete volúmenes de los *Ensayos* de Unamuno, el mismo año, 1917, en que preparó la *Poesía completa* de Machado, tercera clave de bóveda de aquella «inmensa minoría» que constela la era de oro más rica de la cultura española— explica que el autor de *Diario de un poeta recién casado* (1917) alcanzase un conocimiento tan hondo del rector de Salamanca como para retratarlo de un brochazo —«peñón adusto y desdeñoso»— o, contradiciendo el estereotipo puritano forjado en torno a su figura, desvelar: «Tenía una sensualidad salvaje» [32].

Ese «afán de inmensa minoría» que Jiménez recoge de Antonio Marichalar, como consigna en *Ideolojía* (1897-1957) —otro tesoro literario casi desconocido, editado también a título póstumo (1990)—, expresa la necesidad intelectual de acercarse al *verdadero pueblo*: «Yo he sido siempre un hondo amigo del pueblo [...] Si cualquiera de la mayoría inculta llega a comprender la poesía en un grado suficiente, ya no es de la mayoría; por algún motivo, no importa cuál, es de la minoría» (c. 1933). En una conferencia de título y fecha significativos, Jiménez discurre: «No hay oposición entre la poesía de uno y la poesía de todos, entre la poesía inmensamente popular y la elevada poesía sola» [33]. Las afinidades con Unamuno no pueden ser más diáfanas: «El lenguaje mismo, el lenguaje popular, ha sido mi inspirador capital [...] sus formas más puras, sencillas, claras y populares, son a la vez las más exquisitas, las más escogidas, ya que el pueblo, la mayoría selecta, es naturalmente sentencioso y sobrio [...] He procurado decir del modo más llano y corriente lo que todos sienten y, si no todos, al menos la mayoría selecta, esto es: el pueblo» (Prólogo al *Cancionero*). La posición de Machado no es menos coincidente: «La obra del artista alcanza y penetra [...] a esa masa bárbara, que deja de ser vulgo *ipso facto* para convertirse en público de arte» **[34]**. En el Congreso Internacional de Escritores (Valencia, julio de 1937), manifiesta: «La aristocracia española está en el pueblo; escribiendo para el pueblo se escribe para los mejores».

Ningún emblema representó mejor esa pasión compartida que la Escuela Popular de Sabiduría Superior ideada por su heterónimo Mairena bajo el influjo del maestro Abel Martín —a quienes no es aventurado identificar, respectivamente, con Unamuno y Giner de los Ríos— ni ningún lema podría inscribirse con más motivo en su fachada que el juanramoniano. ¿O no es esa «inmensa minoría» —«mayoría selecta», en la variante unamuniana— la quintaesencia del ideario de Giner, aquel «Sócrates español», en palabras de Unamuno **[35]**?: «Una minoría importante por la calidad [...] que trabaja, lucha, padece [...] sacrifica su reposo, su salud, sus diversiones, su alegría [...] pone su alma en la labor» **[36]**.

«Antología o florilegio, palabras que, del griego o del latín, valen tanto como ramillete», puntualiza Díez Canedo **[37]**. Nuestro ramillete presenta la singularidad de que dos terceras partes del mismo proceden del *Cancionero espiritual en la frontera del destierro*, como reza uno de los primitivos epígrafes del volumen, considerado por José Bergamín —incondicional prosélito del poeta, acaso para redimir la ruindad de su padre, Francisco Bergamín, el ministro de Instrucción Pública que en agosto de 1914 destituyó a don Miguel del cargo de rector de Salamanca— como «el libro que nos da un conocimiento más completo de su personalidad [...] el Unamuno mejor [...] el más hondo y desnudo, más vivo y verdadero» **[38]**. En esa «pequeña enciclopedia en verso», tan ignorada como profética («Abuso de la victoria / es victoria del abuso», 15-III-1929; «Españoles, si fuimos hermanos, / hoy somos primos; / pero primos lejanos», 3-VI-1929); tan llena de regusto popular («Saboreo tu lenguaje, rico fruto, / con la lengua misma con que saboreo / tus lentejas», 12-VIII-1930) como de «filosofía a granel» («¿Filosofía? / Hay que tomar la vida con poesía», 9-III-1929), Unamuno se dedica «a sacarle las tripas / al romance castellano» (6-I-1929) e investigar «el tuétano intraducible /

de nuestra lengua española» (12-VII-1928). En el prólogo a la primera edición, Federico de Onís, discípulo suyo «desde la infancia», afirma que el *Cancionero* contiene «un número considerable de las mejores poesías» escritas por nuestro «gran poeta "mayor" rezagado», según lo caracteriza José María Valverde **[39]** —Josep Pla refrenda: «les seves poesies excellents, encara que antiquadíssimes» **[40]**—. Solo un año después, Laín Entralgo reseña: «Ingente y desigual floresta de 1.755 poemas, algunos a la altura de los mejores de nuestro idioma [...] Todos los motivos de la obra y de la vida espiritual de Unamuno reaparecen en este póstumo Amazonas de su poesía» **[41]**. Dos de sus pupilos directos en Salamanca, María de Maeztu y Francisco Ynduráin, tuvieron ocasión de escuchar con regularidad una voz que la pedagoga define como «pausada y grave», mientras que el filólogo, para quien su dueño era «uno de los cuatro o cinco poetas mayores de todos los tiempos», atestigua: «Fue buen lector y recitador de poemas en grado sumo»; por último, destaca el carácter «entre gnómico y lúdico» del *Cancionero*, y «la constante nota que distingue su obra y su actitud: la de predicador».

En carta a Pedro Sainz Rodríguez, el autor de *En torno al casticismo* (1895) declara acerca de sus «poemitas»: «Muchísimos no son más que un cantar, una cuarteta, que componen un *Cancionero de la frontera* [...] denso, pero fluido» (11-III-1930). Formado junto a los mejores conocedores de la poesía popular española —Milá y Fontanals, Menéndez Pelayo—, Unamuno actualiza la tradición de los romances fronterizos —«Joya incomparable de la poesía castellana [...] debidos a la impresión inmediata de los hechos» **[42]**— para confeccionar una crónica de la España de su tiempo, en cuyo acento late ya toda la lírica social de posguerra. ¿Cómo es posible que, durante ese periodo áureo de la cultura española donde conviven las generaciones del 98, del 14 y del 27, el destino de nuestro país estuviera en manos de los peores políticos imaginables? Alfonso XIII, Primo de Rivera, Martínez Anido... Sin embargo, en su radical disidencia —de la que el *Cancionero* es máximo exponente—, el poeta los mantuvo en jaque desde su celda de Hendaya, «a la vista, pero fuera, de mi dolorosa

España» [43]. A una providencial indiscreción de Américo Castro debemos tres formidables poemarios de Unamuno, los tres últimos de su bibliografía: *De Fuerteventura a París* (1925), *Romancero del destierro* (1928) y *Cancionero* (1928-1936). Un azar caprichoso le indujo a difundir desde Buenos Aires la carta enviada por Unamuno al medievalista Solalinde en noviembre de 1923: «Da vergüenza ser español [...] me ahogo en este albañal y me duele España [...] ¡Pobre España! Dan ganas de morirse». Palabras que sirvieron de pretexto a Primo de Rivera para ordenar su destierro en Fuerteventura, desde donde Unamuno se trasladó a París y luego a Hendaya, hasta la misma caída del dictador. «Dicha carta no debió salir de mi bolsillo», lamentará don Américo.

Ferrater Mora se pregunta: «¿Qué se puede decir todavía de Unamuno? [...] No es menester defenderlo [...] De acuerdo: iba con frecuencia demasiado lejos [...] Pero solo las verdades pueden exagerarse»; y al vincularlo con el más eminente de sus discípulos, advierte: «Machado, alma gemela de Unamuno» [44]. ¿Qué otra imagen escoger para definir el misterioso parentesco entre ambos poetas pensadores, susceptible de hacerse extensivo a Juan Ramón, el más joven de los tres desterrados? Luis Cernuda, otro partícipe de la diáspora, anota: «Releí a Unamuno y Machado, hallando en sus versos respuesta y alimento» [45]. Aurora de Albornoz —prosigue la nómina de ilustres exiliados— asegura que el andaluz leía constantemente al vasco, y que este recibió con entusiasmo la aparición de *Campos de Castilla* (1912); sus mismos cuerpos parecen volverse gemelos: «El gesto y el traje de Unamuno son de un pastor protestante», apunta María de Maeztu; «Se le podría haber tomado [a Machado] por un clérigo rural vestido de paisano», anota Carmen de Zulueta [46]. Max Aub piensa que ese «espíritu monacal» estaba inspirado por la Institución Libre de Enseñanza [47]. «Al andar se hace el camino, / y al volver la vista atrás / se ve la senda que nunca / se ha de volver a pisar», canta Machado en 1917 [48]. «Vuelve hacia atrás la vista, caminante, / verás lo que te queda de camino» [49], exhorta siete años más tarde «nuestro eximio arbitrario», como lo etiqueta Concha Espina en el mismo extraño libro donde dio a conocer las cartas secretas de Machado a Pilar de Valderrama (Guiomar) [50]. «Haberse apagado la voz de Unamuno es algo con proporciones de catástrofe nacional», clama su alma gemela en *Hora de España* [51]. «La voz de Unamuno sonaba sin parar en los ámbitos de España desde hace un cuarto de siglo. Al cesar, temo que padezca nuestro país una era de atroz silencio», medita Ortega y Gasset en una necrológica que puede leerse como su propio epitafio [52]. Julián Marías reflexiona: «¿Se han cumplido los temores de Ortega? […] Su voz acudía siempre allí donde hacía falta […] Entre la voz desmesurada de Unamuno y el silencio de Ortega, quizás cabrían términos medios […] la voz de Unamuno ha seguido sonando […] opera en la "intrahistoria"» [53]. Alberti testimonia: «Viejo y enloquecido don Miguel, quién nos diera ahora, a pesar de tus dramáticas contradicciones, tus infantiles y peligrosas veleidades, escuchar nuevamente tu palabra» [54].

Varias composiciones de su primer poemario, *Poesías* (1907), exponen el arte poética unamuniana, antitética a la de Verlaine («La música ante todo», 1882): «Peso necesitan en las alas, peso, / la columna de humo se disipa entera, / algo que no es música es la poesía, / la pesada solo queda» ("Credo poético").

De su segundo libro, *Rosario de sonetos líricos* (1911), envió un ejemplar dedicado a Ortega, junto a una nota donde confiesa: «Sé no gusta usted de mi poesía, y tengo la flaqueza de creer que soy poeta o no soy nada. Ni filósofo, ni pensador, ni erudito, ni filólogo […] solo presumo de ser un sentidor o un poeta» (22-III-1912). Valverde, antólogo de su poesía en 1976, afirma: «Los sonetos de Unamuno son seguramente los mejores de nuestra lengua, al menos después del Siglo de Oro». Rima y azar son nociones sinónimas: «El azar llamado rima», escribe en un soneto de 1910.

El Cristo de Velázquez (1920), su texto poético más difícil de cribar, es sin duda el que ha suscitado mayores elogios: «Cenit de su obra como poeta» (Cernuda); «El más importante poema religioso escrito en castellano» (José María de Cossío, antólogo de sus versos en 1946). Marías atestigua que su lectura propició más de una conversión al catolicismo. No se han explorado las concomitancias entre *El Cristo de Velázquez* y ese otro hondo quejido que vio la luz al cabo de tres años con el título de *Elegías del Duino*. Sus autores, que se conocieron en París, peregrinaron con idéntico fervor por las tierras españolas en pos de sí mismos. «El santo elevado de continuo, o el héroe insurrecto sin perspectiva de éxito son los únicos que están a la altura de aquellos parajes», recapitula Rilke al volver de su viaje (París, 27-III-1913). María Zambrano —artífice entre 1939 y 1986 de una extraordinaria serie de ensayos dedicados a Unamuno— se refiere a *Rimas de dentro* (1923) como «líquido diamante», y califica *Teresa* (1924) de «raro, precioso libro de prosa y verso».

De *Fuerteventura a París*, primera entrega de su tríptico del desarraigo, ve la luz un año más tarde. El prólogo a estos «sonetos africanos», como los cataloga Canedo, contiene un aviso para antólogos: «Me cuesta decidirme a una selección de cosa propia. Ni me gustan las selecciones ajenas. Huyo de las *selectas*. Alguna vez un verso salva a un soneto malo».

Romancero del desierto (Buenos Aires, 1928) permite comprobar que a los 64 años el poeta continúa en la brecha: «La lírica española carecería de una dimensión si no fuese por Unamuno [...] De Formentera a París y Romancero del destierro traen una nota nueva [...] satírica, semejante a Juvenal [...] responden a su intensa labor de hombre político», observa Canedo. La renovación del romance, al que denomina «carne del pensar» [55], flotaba en el ambiente. «Me pareció el romance la suprema expresión de la poesía y quise escribir un nuevo Romancero», declara Machado en el prefacio a *Campos de Castilla*. «El romance popular de hoy tendría que ser como la copla [...] expresión que pudiéramos llamar infantil por su sencillez y economía», dicta Juan Ramón [56]. «Lo nuestro es pasar», canta Machado (*Campos de Castilla*); «Lo nuestro es la muerte», puntualiza Unamuno (*Romancero*, VIII). «Morir soñando», titula el último poema de su vida, donde anuncia: «Del tiempo al fin la eternidad se adueña» (28-XII-1936).

La inspiración de nuestros poetas, desde Ausiàs March a Miguel Hernández, resulta hoy más preciosa y precisa que nunca. Ante todo, porque «la verdadera poesía lleva siempre en sí la justicia», como sostiene el autor de *Platero y yo* (1914), premio Nobel 1956, distinción que Unamuno hubiera recibido de la Academia Sueca en 1922 o 1935, de no interferir la monarquía española primero y la Alemania nazi después. Como lectores, nada nos dispensa de la tarea de cotejar la altura de su palabra con nuestra circunstancia, pues pertenece a ese linaje de maestros que siempre tienen que decirnos aquello que necesitamos escuchar. Se les llama clásicos, y, por fortuna, pertenecen al dominio público. «Un pensador que enseña cómo convertir el conflicto, la contradicción y la desesperación en fuente de energía tiene algo grande que ofrecer a las gentes de nuestra época», proclama Barea en 1952 [57]. Doce años más tarde, Aranguren se pregunta: «¿Necesitamos seguir oyéndole? ¿Tiene algo que decirnos?» [58]. Pérez de Ayala y Bergamín contestan: «La personalidad histórica de don Miguel de Unamuno no sufrirá merma con el discurrir de los años [...] no fue segundo de nadie, y quizá sí primero entre sus pares» [59]; «Para lectores jóvenes que aún quieran, y puedan, y sepan, leer en español, ningún mejor, más alto y puro ejemplo personal, humano, que el de Unamuno» [60]. Cualquiera de sus páginas, sea de poesía, ensayo, novela, teatro, artículo, cuento, epístola o libro de viajes, puede leerse como continuación natural de cualquier otra. «Unamuno, ejemplo sin par de fidelidad a sí mismo, de variación en el repetirse», analiza Salinas [61]. Nadie interiorizó como este «glorioso heterodoxo», en palabras de Pérez Ferrero [62], la pulsión guerracivilista de la personalidad hispánica; su propia infancia transcurrió en el seno de la tercera contienda carlista (1872-76), que recreó en su primera novela, *Paz en la guerra*, un año antes del Desastre; y en el seno de una guerra civil expiró —*desnació*—, cumpliendo un destino insólitamente simétrico: treinta y seis años vividos —o, más bien, *desvividos*— en el siglo XIX, y otros tantos en el XX.

REFERENCIAS BIBLIOGRÁFICAS

[1] *España en su historia* (1948). [2] *Sobre la lengua española*, 2-VIII-1932. [3] «Unamuno poeta», *La Nación*, 2-V-1909. [4] «Unamuno», 1926, *Ensayos críticos* (1950). [5] Prólogo de 1928 a *Contra esto y aquello* (1912). [6] «Recuerdos de Unamuno», *Letras de México*, I-VIII-1945. [7] «Unamuno dibujante», 16-XII-1923; *Reloj de Sol*, 1926. [8] «Acerca de Unamuno, poeta», *Inquisiciones*, 1925. [9] «De Unamuno a Ortega y Gasset», *Cuadernos de la Universidad del Aire*, La Habana, 1949. [10] *Juan de Mairena*, XXXVII, 1936. [11] *El Hogar*, 29-I-1937; *Textos cautivos*, 1986. [12] *Sur*, Buenos Aires, enero 1937. [13] «Reflexiones sobre Unamuno», *Cruz y Raya*, octubre de 1935. [14] *Prosistas españoles*, 1943. [15] «Unamuno, Blasco Ibáñez y Sánchez Guerra en París», Buenos Aires, 1940. [16] «Unamuno residente», Oxford, octubre 1957; *Residentes: Semblanzas y recuerdos*. [17] *Troteras y danzaderas*, 1913. [18] *Los miserables*, 1862. [19] «Poesía y política», *Nuevo mundo*, 6-X-1922. [20] «Archipiélago Valéry», Paul Valéry, *Malos pensamientos y otros*, 2021. [21] «Consejos, sentencias y donaires de Juan de Mairena», *Hora de España*, enero de 1937. [22] «La agonía de Europa», *Sur*, septiembre de 1940. [23] «Feijoo y su siglo», 1887. [24] «Sobre el estilo de José Martí», *La Discusión*, La Habana, 21-XI-1919. [25] «Unamuno en su poética», 1966; *Clásicos modernos*, 1969. [26] *Cancionero*, 9-III-1929. [27] *El Imparcial*, 5-X-1924. [28] «Miguel de Unamuno», *Estudios sobre poesía española contemporánea*, 1957. [29] *Carta a Cassou*, 21-XI-1925. [30] «El Romance, río de la lengua española». [31] «Crisis del espíritu en la poesía española contemporánea», 1936-37. [32] *Conversaciones con Ricardo Gullón*, 1953-54; ed. 1958. [33] «Política poética», Madrid, 15-VI-1936. [34] «Arte poética de Juan de Mairena», *Cancionero apócrifo de Juan de Mairena*, 1928. [35] «Recuerdo de don Francisco Giner», *El Día*, 13-II-1917. [36] F. Giner, «Sobre reformas en nuestras universidades», 1902. [37] «Miguel de Unamuno y la poesía», *La Gaceta Literaria*, 15-III-1930. [38] «La entereza de Unamuno», *Le Figaro Littéraire*, octubre 1964; *Marcha*, Montevideo, 6-XI-64. [39] Introducción a Unamuno, *Antología poética*, 1977. [40] «Don Miguel de Unamuno: La seva figura fisica», 1964; *El passat imperfecte*, 1975. [41] «La memoria y la esperanza», 30-V-1954.

[42] Milá y Fontanals, *De la poesía heroicopopular castellana*, 1874.
[43] Prólogo de 1928 a *Abel Sánchez* (1917). [44] «Unamuno hoy», *Revista de Occidente*, octubre 1964; *Miguel de Unamuno*, Sánchez Barbudo, 1974.
[45] *Historial de un libro: La realidad y el deseo*, 1958. [46] *Compañeros de paseo*, 2001. [47] «Retrato de Unamuno para uso de principiantes», *Pruebas*, 1967. [48] «Proverbios y cantares», *Campos de Castilla*, 1912.
[49] *De Fuerteventura a París*, 23-VI-1924. [50] *De Antonio Machado a su grande y secreto amor*, 1950. [51] A. Machado, «Unamuno», abril, 1938.
[52] «En la muerte de Unamuno», *La Nación*, 4-I-1937. [53] «La voz de Unamuno y el problema de España», *La Torre*, 1961. [54] «Imagen primera de don Miguel de Unamuno», *Imagen primera*, 1945. [55] «La casta histórica de Castilla», *En torno al casticismo*. [56] «El Romance, río de la lengua española», c 1953. [57] *Unamuno*, 1952. [58] «Unamuno y nosotros», Unamuno, *Antología*, 1964. [59] «Unamuno», 5-IV-1959, *Amistades y recuerdos*, 1961. [60] Véase nota 38. [61] «Unamuno autor dramático», 1933, *Literatura española siglo XX*, 1941. [62] *Algunos españoles*, 1972.

Miguel de Unamuno

He visto España en tus ojos
Antología poética (1907-1936)

CREDO POÉTICO

Piensa el sentimiento, siente el pensamiento;
que tus cantos tengan nidos en la tierra,
y que cuando en vuelo a los cielos suban
tras las nubes no se pierdan.

Peso necesitan, en las alas peso,
la columna de humo se disipa entera,
algo que no es música es la poesía,
la pesada solo queda.

Lo pensado es, no lo dudes, lo sentido.
¿Sentimiento puro? Quien en ello crea,
de la fuente del sentir nunca ha llegado
a la viva y honda vena.

No te cuides en exceso del ropaje,
de escultor, no de sastre es tu tarea,
no te olvides de que nunca más hermosa
que desnuda está la idea.

No el que un alma encarna en carne, ten presente,
no el que forma da a la idea es el poeta
sino que es el que alma encuentra tras la carne,
tras la forma encuentra idea.

De las fórmulas la broza es lo que hace
que nos vele la verdad, torpe, la ciencia;
la desnudas con tus manos y tus ojos
gozarán de su belleza.

Busca líneas de desnudo, que aunque trates
de envolvernos en lo vago de la niebla,
aun la niebla tiene líneas y se esculpe;
ten, pues, ojo, no las pierdas.

Que tus cantos sean cantos esculpidos,
ancla en tierra mientras tanto que se elevan,
el lenguaje es ante todo pensamiento,
y es pensada su belleza.

Sujetemos en verdades del espíritu
las entrañas de las formas pasajeras,
que la Idea reine en todo soberana;
esculpamos, pues, la niebla.

[*Poesías*, 1907]

En la muerte de un hijo

Abrázame, mi bien, se nos ha muerto
el fruto del amor;
abrázame, el deseo está a cubierto
en surco de dolor.

Sobre la huesa de ese bien perdido
que se fue a todo ir
la cuna rodará del bien nacido
del que está por venir.

Trueca en cantar los ayes de tu llanto,
la muerte dormirá;
rima en endecha tu tenaz quebranto,
la vida tornará.

Lava el sudario y dale sahumerio,
pañal de sacrificio,
pasará de un misterio a otro misterio,
llenando santo oficio.

Que no sean lamentos del pasado
del porvenir conjuro,
bricen, más bien, su sueño sosegado
hosanas al futuro.

Cuando al ponerse el sol te enlute el cielo
con sangriento arrebol
piensa, mi bien: «A esta hora de mi duelo
para alguien sale el sol».

Y cuando vierta sobre ti su río
de luz y de calor,
piensa que habrá dejado oscuro y frío
algún rincón de amor.

Es la rueda: día, noche; estío, invierno;
la rueda: vida, muerte...
sin cesar así rueda, en curso eterno,
¡tragedia de la suerte!

Esperando el final de la partida
damos pasto al anhelo,
con cantos a la muerte henchir la vida,
tal es nuestro consuelo.

[*Poesías*, 1907; escrita con ocasión de la
muerte de Raimundo Unamuno, 1896-1902]

ES de noche, en mi estudio.
Profunda soledad; oigo el latido
de mi pecho agitado
—es que se siente solo,
y es que se siente blanco de mi mente—
y oigo a la sangre
cuyo leve susurro
llena el silencio.
Diríase que cae el hilo líquido
de la clepsidra al fondo.
Aquí, de noche, solo, este es mi estudio;
los libros callan;
mi lámpara de aceite
baña en lumbre de paz estas cuartillas,
lumbre cual de sagrario;
los libros callan;
de los poetas, pensadores, doctos,
los espíritus duermen;
y ello es como si en torno me rondase
cautelosa la muerte.
Me vuelvo a ratos para ver si acecha,
escudriño lo oscuro,
trato de descubrir entre las sombras
su sombra vaga,
pienso en la angina;
pienso en mi edad viril; de los cuarenta
pasé ha dos años.
Es una tentación dominadora
que aquí, en la soledad, es el silencio
quien me la asesta;
el silencio y las sombras.
Y me digo: «Tal vez cuando muy pronto
vengan para anunciarme
que me espera la cena,

encuentren aquí un cuerpo
pálido y frío
—la cosa que fui yo, este que espera—,
como esos libros silencioso y yerto,
parada ya la sangre,
yeldándose en las venas,
el pecho silencioso
bajo la dulce luz del blando aceite,
lámpara funeraria».
Tiemblo de terminar estos renglones
que no parezcan
extraño testamento,
más bien presentimiento misterioso
del allende sombrío,
dictados por el ansia
de vida eterna.
Los terminé y aún vivo.

[*Poesías*, 1907; Nochevieja de 1906]

JUNTO al fuego leía
Quintín Durward, mi hijo;
así también yo lo leyera antaño
y así mis nietos
habrán acaso de leerlo un día.
Y así vive Quintín como vivimos
nosotros, sus lectores.

[*Poesías,* 1907]

A LA RIMA

Macizas ruedas en pesado carro,
al eje fijas, rechinante rima,
¡con qué trabajo llegas a la cima
si al piso se te pone algún guijarro!

Al tosco buey, que no al corcel bizarro,
el peso bruto de tu lanza oprima,
pues al buey solo tu chirrido anima
cuando en piedras te atascas o en el barro.

Mas en tanto no quede, sin maraña,
la selva, como el mar, toda camino,
tira, noble corcel, de ese armatoste,

pues más te vale la coyunda extraña,
no siendo aún la libertad tu sino,
que estarte en el establo atado a un poste.

[*Poesías,* 1907; 1900]

MUERTE

to die, to sleep... to sleep... perchance to dream.

(*Hamlet*, III, IV)

Eres sueño de un dios, cuando despierte
¿al seno tornarás de que surgiste?
¿Serás al cabo lo que un día fuiste?
¿Parto de desnacer será tu muerte?

¿El sueño yace en la vigilia inerte?
Por dicha aquí el misterio nos asiste;
para remedio de la vida triste,
secreto inquebrantable es nuestra suerte.

Deja en la niebla hundido tu futuro
y ve tranquilo a dar tu último paso,
que cuanto menos luz, vas más seguro.

¿Aurora de otro mundo es nuestro ocaso?
Sueña, alma mía, en tu sendero oscuro:
«morir... dormir... dormir... ¡soñar acaso!».

[*Poesías*, 1907; 1901]

AL DESTINO

En inquietud ahógame el sosiego
tu secreto velándome, Destino,
no me dejes parar en mi camino,
sin inquirirte te obedezca ciego.

Ni hora me des de queja ni de ruego,
aguíjeme tu pica de contino,
y que en el mundo, insomne peregrino,
a cuestas lleve de mi hogar el fuego.

Quiero mi paz ganarme con la guerra,
conquistar quiero el sueño venturoso,
no me des ocio, el que tu entraña encierra

de esclarecer enigma tenebroso,
y cuando al seno torne de la tierra,
haz que merezca el eternal reposo.

[*Poesías,* 1907; 1901]

PORTUGAL

Portugal, Portugal, tierra descalza,
acurrucada junto al mar, tu madre,
llorando soledades
de trágicos amores,
mientras tus pies desnudos las espumas
saladas bañan,
tu verde cabellera suelta al viento
—cabellera de pinos rumorosos—
los codos descansando en las rodillas,
y la cara morena entre ambas palmas,
clavas tus ojos donde el sol se acuesta
solo en la mar inmensa,
y en el lento naufragio así meditas
de tus glorias de Oriente,
cantando fados quejumbrosa y lenta.

[Porto, 26 de junio, 1907; enviado a Joan
Maragall; no recogido en libro en vida del autor]

EL QUE JUEGA A LAS CARTAS

Se pasa el día dándole a las cartas
que así vienen y van
como las olas en su eterno juego
sobre el inquieto mar.
Siempre lo mismo, en incesante cambio,
en un fijo variar,
siempre lo mismo y diferente siempre;
así la vida va.
No hay dos olas iguales, es muy cierto,
fábula es la igualdad,
fábula no, que el mar es todo uno
¡y una es la eternidad!

[c 23-VII-1910; escrito durante la travesía
de Canarias a Oporto; no recogido en libro]

LLUEVE desde tus ojos alegría
sobre mi casa.
De no haber anudado nuestras vidas,
¿es que yo hoy viviría?
Estos mis ocho hijos que me has dado
¡son mis raíces!
Aquel viejo enemigo de mi pecho
habríame vencido.
O en un rincón de un claustro,
en una triste celda,
en brega con la fe que se me escapa,
luchando con la acedía,
o en un rincón de un camposanto oscuro,
¡allí, en lo no bendito,
donde se guarda a los que no supieron
esperar a la muerte!
        Pero mira cómo he hecho
de este mi hogar en que tus ojos ríen
un claustro, un monasterio,
y un campo santo,
¡dulce reposadero para los vivos!
Aquí la paz del claustro y de la tumba
con alegría y vida.
¡Aquí al sentirme renacer en otros,
al oír en sus risas
cantar de mi niñez viejos recuerdos,
levanto el corazón a nuestro Padre
mientras aprendo
a esperar a la muerte!
        Cuando al nacer el alba me despierta
la voz del pequeñuelo,
Benjamín de la casa,
que balbuce leyendas
sobre el *chucho* y el *zape,*

cruzo sobre mi frente
la cruz aquella de mi infancia dulce,
y digo al Padre:
«¡Tu voluntad se haga así en la tierra
como en el cielo!»,
y con el sol se abren
también tus ojos.
Y ríe el sol, ríen tus ojos claros,
ríe la vida,
y es su risa feliz la que despierta
del fondo de mi pecho
inquietudes de siempre.
¡Es el temor terrible de perderla!
¡Es la visión tremenda de la nada!
¡La gloria es esta, créeme, no es otra!
    Fue soledad en mi niñez serena,
íntima soledad de las entrañas,
la que me hizo llorar aquellas lágrimas
cuya sal me ha quedado.
Y es esta soledad la que me dura.
Pero somos aquí diez solitarios
haciendo un monasterio.
Debajo de esta dulce paz doméstica
va la inquietud corriendo,
la duda del destino.
    ¡Oh, cómo veo tras rosada niebla
mi infancia grave
y de mi abuela la figura recia!
Huérfanos desde niños, del ahorro
de aquella mujer fuerte
que se ganó su vida ochavo a ochavo
pendía nuestra vida.
Yo era su favorito.
Y cuando en nuestros juegos

tumultuosos,
nuestras risas llenaban el carrejo,
nos decía la abuela:
¡recoge lloros el que siembra risas!
La vi morir a la niñez volviéndose;
fue un desnacer su muerte.
¿Moriré así, rendido el pensamiento?
Dios lo sabrá, pero vosotros todos,
los que hoy mis hijos,
seréis mis padres.
No he de morirme huérfano.
    Mas entre tanto por si el día llega
en que antes de parárseme en el pecho
el corazón insomne
cubran mi mente
las sombras de la noche,
dame ese libro,
que aquí, con él, tendido en nuestra cama,
recorreré los siglos que pasaron
mientras el nuestro pasa,
dándole a mi alma medieval el cebo
de memorias eternas.
Y tú vendrás, y al levantar mis ojos
de las queridas letras,
encontraré a los tuyos que me miran
con su clara dulzura
metiéndome en el alma
hambre de vida.

[Julio, 1912; no recogido en libro]

LA ORACIÓN DEL ATEO [XXXIX]

Oye mi ruego tú, Dios que no existes,
y en tu nada recoge estas mis quejas,
tú que a los pobres hombres nunca dejas
sin consuelo de engaño. No resistes

a nuestro ruego y nuestro anhelo vistes.
Cuando tú de mi mente más te alejas
más recuerdo las plácidas consejas
con que mi alma endulzome noches tristes.

¡Qué grande eres, mi Dios! Eres tan grande
que no eres sino Idea; es muy angosta
la realidad por mucho que se expande

para abarcarte. Sufro yo a tu costa,
Dios no existente, pues si Tú existieras
existiría yo también de veras.

[*Rosario de sonetos líricos*, 1911; Salamanca, 26-IX-1910]

MURALLA DE NUBES (XCI)

Oh, pardas nubes, almas de los montes,
que recuerdos traéis aquí a la nava
de aquel rincón en donde el alma esclava
vivía de vosotras; cual bisontes

en rebaño pasáis, los horizontes
encrespando, en fingida sierra brava
que no a la tierra, sino al cielo grava
con su mole. Por mucho que remontes

tu vuelo, mi alma, esa encrespada sierra
de nubes nunca franquearás, muralla
será de tus anhelos; de la tierra,

no la tierra, las nubes de que se halla
ceñida hacen la cerca que te encierra
en el estrecho campo de batalla.

[*Rosario de sonetos líricos,* 1911; viajando
de Oviedo a León, 7-XI-1910]

47

¿Estás muerto, Maestro, o bien tranquilo
durmiendo estás el sueño de los justos?
Tu muerte de tres días fue un desmayo,
sueño más largo que los otros tuyos;
pues tú dormías, Cristo, sueños de Hombre,
mientras velaba el corazón. Posábase,
ángel, sobre tu sien esa primicia
del descanso mortal, ese pregusto
del sosiego final de aqueste tráfago;
cual pabellón las blandas alas negras
del ángel del silencio y del olvido
sobre tus párpados; lecho de sábana
pardo la tierra nuestra madre; al borde,
con los brazos cruzados, meditando
sobre sí mismo el Verbo. Y di, ¿soñabas?
¿Soñaste, Hermano, el reino de tu Padre?
¿Tu vida acaso fue, como la nuestra,
sueño? ¿De tu alma fue en el alma quieta
fiel trasunto del sueño de la vida
de nuestro Padre? Di, ¿de qué vivimos
sino del sueño de tu vida, Hermano?
¡No es la sustancia de lo que esperamos,
nuestra fe, nada más que de tus obras
el sueño, Cristo! ¡Nos pusiste el cielo,
ramillete de estrellas de venturas;
hicístenos la noche para el alma
cual manto regio de ilusión eterna!

Por ti los brazos del Señor nos brizan
al vaivén de los cielos y al arrullo
del silencio que tupe por las noches
la bóveda de luces tachonada.
¡Y tu sueño es la paz que da la guerra,
y es tu vida la guerra que da paz!

[*El Cristo de Velázquez*, 1920]

PALOMA [I, XXIX]

Cual la paloma de plateadas plumas
que al salir por tercera vez del arca
no volvió con el ramo de la oliva,
sino perdiose bajo el arco iris
de las nubes, señal de la promesa;
¡Tú, así, paloma blanca de los cielos,
nos vienes a anunciar que hay tierra firme
donde arraigar allende nuestro espíritu
y que florezca por la eternidad!

[*El Cristo de Velázquez,* 1920]

RECUERDO DE LA GRANJA DE MORERUELA

En una celda solo, como en arca
de paz, libre de menester y cargo,
el poema escribir largo, muy largo,
que cielo y muerte, tierra y vida abarca.

Después, en el verdor de la comarca
la vista apacentar; sin el amargo
pasto del mundo, a la hora del letargo
ver cómo visten la dormida charca

en flor las ovas. Lejos del torrente
raudo del caz que hace rodar la rueda
que muele el trigo, soñar lentamente

vida eternal en la que el alma pueda
ser pura flor. ¡Oh, reposo viviente:
florece solo el agua que está queda!

[*Andanzas y visiones españolas*, 1922;
Salamanca, junio 1911]

Corral de muertos, entre pobres tapias
            hechas también de barro,
pobre corral donde la hoz no siega,
solo una cruz, en el desierto campo
            señala tu destino.
Junto a esas tapias buscan el amparo
del hostigo del cierzo las ovejas
al pasar trashumantes en rebaño,
y en ellas rompen de la vana historia,
como las olas, los rumores vanos.
            Como un islote en junio,
            te ciñe el mar dorado
de las espigas que a la brisa ondean,
y canta sobre ti la alondra el canto
            de la cosecha.
Cuando baja en la lluvia el cielo al campo
baja también sobre la santa yerba
            donde la hoz no corta,
de tu rincón, ¡pobre corral de muertos!,
y sienten en sus huesos el reclamo
            del riego de la vida.
Salvan tus cercas de mampuesto y barro
            las aladas semillas,
o te las llevan con piedad los pájaros,
y crecen escondidas amapolas,
clavelinas, magarzas, brezos, cardos,
            entre arrumbadas cruces
no más que de las aves libres pasto.
Cavan tan solo en tu maleza brava,
            corral sagrado,
para de un alma que sufrió en el mundo

sembrar el grano;
luego sobre esa siembra
barbecho largo.
Cerca de ti el camino de los vivos,
no como tú, con tapias, no cercado,
por donde van y vienen,
ya riendo o llorando,
rompiendo con sus risas o sus lloros
el silencio inmortal de tu cercado.
Después que lento el sol tomó ya tierra,
y sube al cielo el páramo
a la hora del recuerdo,
al toque de oraciones y descanso,
la tosca cruz de piedra
de tus tapias de barro
queda como un guardián que nunca duerme
de la campiña el sueño vigilando.
No hay cruz sobre la iglesia de los vivos,
en torno de la cual duerme el poblado;
la cruz, cual perro fiel, ampara el sueño
de los muertos al cielo acorralados.
Y desde el cielo de la noche, Cristo,
el Pastor Soberano,
con infinitos ojos centelleantes,
recuenta las ovejas del rebaño.
Pobre corral de muertos entre tapias,
hechas del mismo barro,
solo una cruz distingue tu destino
en la desierta soledad del campo.

[*Andanzas y visiones españolas*, 1922; Salamanca, febrero 1910]

¿Arte? ¿Para qué arte?
Canta, alma mía,
canta a tu modo…
pero no cantes, grita,
grita tus ansias
sin hacer caso alguno de sus músicas,
y déjales que pasen,
¡son los artistas!
Redondas conclusiones
quieren los pobres;
tú busca, busca sin descanso, busca
donde no encuentres.
Huye de lo perfecto,
de lo acabado;
no, nada que se acabe,
nada ya lleno;
¡cuánto desea germen
de algo más alto!
¿Ellos? ¿Quiénes son ellos?
Los pobres para oír cuentan tan solo
con los oídos.
Hoy gritas una cosa,
otra mañana;
te trae su afán, su grito,
cada día que pasa.
Fuiste ayer uno
y hoy eres otro;
¿y qué serás mañana,
mi pobre espíritu?
Yo no sé lo que quiero

—no me conozco—
¡ni me importa saberlo!
¿Es que soy algo más que frágil caña
por la que sopla el viento?
El viento del Señor, del infinito,
sin arranque ni término.
Doblégate a su soplo
y déjale que en ti susurre o brame,
siempre a su modo.
¿Arte? ¿Qué es eso de arte?
¡No te hagas caramillo,
sigue de caña!
Caña simple, salvaje,
que cela con sus hojas
las aguas del arroyo
que no reposa.
No, no junto al camino,
a distraer el viaje
del peregrino,
no a alegrar las jornadas
del caminante,
sino aquí, en el retiro,
donde tan solo llegan
de cuando en cuando
los que sin fin ni rumbo
vagan perdidos.
Y tú, caña salvaje,
darás a sus oídos
la voz del viento del Señor eterno,
del misterio los gritos.
Hoy de levante sopla,
mañana de poniente,
de norte o sur tal vez o en remolino.
Y «¿qué dice?», preguntan los artistas

que el caramillo tocan
conforme al arte
—es decir, a la lógica—;
«¡vaya una caña simple!
¡juguete a todo viento
se contradice!».
Es tu Señor, mi alma,
es Dios quien por ti sopla,
es Dios, mi pobre caña,
quien a sí mismo en ti se contradice.
Sin plan alguno su poder ensaya
—el plan es cosa de hombres,
seres finitos—,
juega a la omnipotencia,
y tú, mi pobre caña, eres juguete
de su divina fuerza.
Caña salvaje,
al aire suelto tus hojas verdes,
y tus raíces
junto al arroyo de aguas
que al mar cayendo
jamás descansan.
Caña, mi caña,
ríndete al soplo del Señor, tu Espíritu
es el que en ti…, no canta
sino que chilla,
zumba y susurra,
sin plan ni arte,
soplándote hoy de aquí y de allá mañana,
caña salvaje.
Caña, mi caña,
no te hagas caramillo,
¡sigue salvaje!
¡nada de cortes!

¡sigue erguida y entera,
al albedrío de tu Dios rendida,
salvaje cuerda!
¡cuerda sonora
de la lira viviente de la selva!
Lejos de los caminos
de artistas y viandantes,
por donde no trafican
buhoneros del arte,
donde los siervos del Señor se pierden
en la selva a que se entra
y no se sale,
la selva sin senderos,
como no sean
los que nos muestra el cielo,
los senderos de estrellas.
Caña, mi caña,
bajo el cielo estrellado
zumba de noche,
y a los pobres durmientes
el sueño rompe.
Caña salvaje,
¿qué tienes, dime, tú que hacer con eso
que llaman arte?
Caña, mi caña,
doblégate al Señor, que a su albedrío
Él en ti cante;
en ti, caña salvaje,
sin plan alguno su poder ensaya;
juega contigo;
sé su juguete tú, mi pobre caña.

[*Rimas de dentro*, 1923; marzo, 1908]

HOY te gocé, Bilbao. Por la mañana
topé con un paisano,
como yo, por su dicha, un hijo tuyo.
En sus ojos la luz del Ibaizabal
y en el acento de su hablar el alma,
febril en su sosiego,
que te anima, mi villa.
Era el tonillo, el aire en que vibraron
cuando era mi alma virgen
vírgenes las palabras
en ella entrando.
Te respiré, Bilbao, y nos sentimos
yo y tu otro hijo hermanos
en bilbainía.
Tuve un rato en mis manos
su mano abandonada,
y al despedirnos, para mí, me dije:
hermanos somos todos los humanos,
el mundo entero es un Bilbao más grande.

[*Rimas de dentro*, 1923; 1908]

INCIDENTE DOMÉSTICO

Traza la niña toscos garrapatos,
de escritura remedo,
me los presenta y dice
con un mohín de inteligente gesto:
«¿Qué dice aquí, papá?».
Miro unas líneas que parecen versos;
«¿aquí?»; «sí, aquí; lo he escrito yo; ¿qué dice?,
porque yo no sé leerlo…».
«¡Aquí no dice nada!»
le contesté al momento;
«¿nada?», y se queda un rato pensativa
—o así me lo parece por lo menos,
¿pues está en los demás o está en nosotros
eso a que damos en llamar talento?—.
          Luego reflexionando me decía:
¿hice bien revelándole el secreto?
—no el suyo ni el de aquellas toscas líneas,
el mío, por supuesto—
¿sé yo si alguna musa misteriosa,
un subterráneo genio,
un espíritu errante que a la espera
para encarnar está de humano cuerpo,
no le dictó esas líneas
enigmáticos versos?
¿sé yo si son la gráfica envoltura
de un idioma de siglos venideros?
¿sé yo si dicen algo?
¿he vivido yo acaso de ellas dentro?

No dicen más los árboles, las nubes,
los pájaros, los ríos, los luceros...
¡No dicen más y nos lo dicen todo!
¿quién sabe de secretos?

[Rimas de dentro, 1923]

CON recuerdos de esperanzas
y esperanzas de recuerdos
vamos matando la vida
y dando vida al eterno
descuido que del cuidado
del morir nos olvidemos...
Fue ya otra vez el futuro,
será el pasado de nuevo,
mañana y ayer mejidos
en el hoy se quedan muertos.
Me he despertado soñando,
soñé que estaba despierto,
soñé que el sueño era vida,
soñé que la vida es sueño.
Sentí que estaba pensando,
pensé que sentía, y luego
vi reducirse a cenizas
mis pensamientos de fuego.
Si hay quien no siente la brasa
debajo de estos conceptos,
es que en su vida ha pensado
con su propio sentimiento;
es que en su vida ha sentido
dentro de sí al pensamiento.
Flores da el amor al hombre,
flores entre hojas al viento;
mas también le da diamantes
duros, cortantes y escuetos.
No solo el vapor calienta;
no llaméis frío a lo seco;
la carne enfría a menudo
y suele quemar los huesos.

[*Teresa*, 1924; Presentación: «Me remitió la Rima 31, y yo, en res-
puesta a los comentarios con que me la enviaba, le mandé esto»]

EPÍSTOLA

Me dice don Miguel, que *rato* es *rapto*
y se lo creo, ¿cómo no?, ignorante
como soy en Lingüística y nada apto

para tal ciencia, y me inclino delante
de los que saben más y siempre acepto
estas lecciones de muy buen talante.

Y si soy conceptista es sin concepto
pues no lo es de mi pasión la brasa.
Tiene en mí, don Miguel, un fiel adepto

de su lección de aquello que no pasa
y de aquello que queda y que la cola
con la cabeza encuéntrase y se casa.

Y me dice, además, que el rato es ola
y que el agua del lago es la costumbre.
Se lo creo también. El agua es sola

bajo las olas; es la pesadumbre
de lo eterno que en horas se aligera
como bajo las chispas es la lumbre.

Que lo eterno es la vuelta, la carrera,
es el ritmo y la estrofa, y es la rima
la pasada y futura primavera

las aguas que del mar ruedan encima;
es la canción eterna de la historia
y el paso fiel que la quietud anima,

y deja espuma aquí y allí escoria.
En *Del Amor*, dijo Stendhal que el verso
fue inventado en favor de la memoria...

¡No!, es la memoria misma; el universo
late por él y en el latir perdura
y se retrata en él nítido y terso.

El bieldo es con que la mies se apura
y se separa de la paja el grano,
y nos da lo que queda, encarnadura

del Amor que es eterno y soberano.
La Creación, que es toda poesía,
obra fue de palabra, no de mano;

se hizo la luz y en el eterno día
rompió a rodar la rueda del ensueño,
y Dios, mientras el mundo amanecía,

se recreaba en su obra como dueño
ya de sí mismo al serlo de su mundo,
como lo es todo artista de su empeño.

Es el mío sumir en lo profundo
cofre de amor y muerte que hice a escoplo;
pongo en verso que quiere ser rotundo

letra de usted; espíritu, que es soplo,
música que recrea corazones;
si es que en mis coplas con mi letra acoplo

es merced a Teresa; las lecciones
de su voz arrolladas al enjullo
de mi memoria fiel, guardo sus dones

como una flor guardada en el capullo.
Más que música es, más que el oleaje
de la voz sacudida; es el arrullo

no de su pecho, sino del plumaje
que sus alas angélicas reviste,
es la sonora luz de su lenguaje.

Cada vez que me digo: «Me dijiste...»
me suena dentro el misterioso coro
de las estrellas que al Amor asiste,

y oigo a la vez de la campana de oro
de la puesta del Sol la campanada,
y entonces es cuando al Señor adoro

por haberme sacado de la nada,
y entonces es cuando al Señor imito
y busco con palabra encadenada

encerrar en mi verso el infinito;
y entonces es cuando aquietado el pecho
convierto en luz el fuego de aquel grito

que pide no morir mientras deshecho
mi corazón por huracán de llanto
tras la muerte me lleva que en acecho
me está esperando.

Acabará el quebranto
del respiro mortal; mucho más leve
me será de su tierra el campo santo.

He de morirme…, ¡no!, morirte, en breve,
antes acaso que a embozarse vuelva
la sierra en el sudario de la nieve.

Mientras mi pecho raso se disuelva
he de alentar, cantando mis amores,
como pájaro herido que en la selva

se entierra en el mantillo que fue flores.
Al margen de la humana tontería
y libre de sus graves profesores,

recorreré la dolorosa vía
de mi destino terrenal oscuro.
Triste será; más triste me sería

sestear a la sombra de aquel muro
que a los tontos protege del misterio
que con ansias mortales yo procuro

atisbar en el pobre cementerio
en que ella sola y solitaria espera.
Lo que los tontos esos llaman serio

—y sería terrible si lo fuera—,
es lo que al hombre eterno no le importa,
es a la postre la cosa más huera,

es lo que al ángel las alas recorta,
y el ángel, recortadas, ya no canta.
El canto es largo, mas la vida es corta

y hay que arar en la mar que se levanta
con sus olas al cielo, y con mi lira
surco la mar, donde brotó la planta

de este amor infeliz, puesta la mira
en la estrella, nacida de la noche
y que a la luz del alba luego expira.

No me haga, pues, por Dios, ningún reproche
por este uncir con el sentir pensares;
es la rima en mi verso firme broche

que une juicio y pasión y los pesares
seríanme insufrible sacrificio
si no los acogiera así en los lares

de mi razón, huyendo el maleficio
de un dolor no encumbrado a pensamiento.
Pasión que no se purga en el servicio

del ideal, es como loco viento
que ni canta ni empuja vela alguna;
es viento loco el puro sentimiento.

Y ya que Dios nos niega la fortuna,
de ser mía Teresa y yo su hombre,
su tumba séanos bendita cuna
de la inmortalidad, ¿qué importa el nombre?

Y en esta carta de tono tan vario
no creo, don Miguel, que a usted le asombre
su artificio dantesco y trinitario.

Gusto la tradición cuando consigo
guardarme en ella como en viejo armario,
que ya de otras pasiones fue testigo.

Y aquí concluyo esta intrincada carta;
corta será tal vez para el amigo,
ha de ser para el crítico bien harta.

[*Teresa*, 1924]

NOTA DE UNAMUNO: «Los ciento treinta versos endecasílabos están escritos en tercetos encadenados conforme al modelo tradicional. La cadena de rimas se remata con la de un verso final añadido, que convierte la estrofa final en un cuarteto, como suele ser habitual. Esto sucede al final de la primera parte (v. 73) y de la segunda (v. 121)».

AL frisar los sesenta, mi otro sino,
el que dejé al dejar mi natal villa,
brota del fondo del ensueño y brilla
un nuevo porvenir en mi camino.

Vuelve el que pudo ser y que el destino
sofocó en una cátedra en Castilla,
me llega por la mar hasta esta orilla
trayendo nueva rueca y nuevo lino.

Hacerme, al fin, el que soñé, poeta,
vivir mi ensueño del caudillo fuerte
que el fugitivo mar prende y sujeta;

volver las tornas, dominar la suerte,
y en la vida de obrar, por fuera inquieta,
derretir el espanto de la muerte.

[*De Fuerteventura a París,* 1925; 18-VI-1924]

NOTA DE UNAMUNO: «Siempre me ha preocupado el problema de lo que llamaría mis "yos ex-futuros", los que pude haber sido y dejé de ser, las posibilidades que he ido dejando en el camino de mi vida. Sobre ello he de escribir un ensayo, acaso un libro. Es el fondo del problema del libre albedrío».

VUELVE hacia atrás la vista, caminante,
verás lo que te queda de camino;
desde el oriente de tu cuna el sino
ilumina tu marcha hacia adelante.

Es del pasado el porvenir semblante;
como se irá la vida así se vino;
cabe volver las riendas del destino
como se vuelve del revés un guante.

Lleva tu espalda reflejado el frente;
sube la niebla por el río arriba
y se resuelve encima de la fuente;

la lanzadera en su vaivén se aviva;
desnacerás un día de repente;
nunca sabrás dónde el misterio estriba.

[*De Fuerteventura a París*, 1925; 23-VI-1924]

NOTA DE UNAMUNO: «En mi novela —o *nivola*— *Niebla* he expuesto ya esta fantasía —¿solo fantasía?— de una historia que va del porvenir al pasado, de una película que invierte su marcha ordinaria».

A UN HIJO DE ESPAÑOLES

A un hijo de españoles arropamos
hoy en tierra francesa; el inocente
se apagó —¡feliz él!— sin que su mente
se abriese al mundo en que muriendo vamos.

A la pobre cajita sendos ramos
echamos de azucenas —el relente
llora sobre su huesa—, y al presente
de nuestra patria el pecho retornamos.

«Ante la vida cruel que le acechaba,
mejor que se me muera» —nos decía
su pobre padre, y con la voz temblaba;

era de otoño y bruma el triste día
y creí que enterramos —¡Dios callaba!—
tu porvenir sin luz, ¡España mía!

[*De Fuerteventura a París*, 1925; 14-XI-1924]

NOTA DE UNAMUNO: «En el entierro del niño Yago de Luna, muerto de meningitis tuberculosa a los ocho meses de edad y enterrado en el cementerio parisiense de Pantin».

«DEJAD que entierren a sus muertos»; dijo
«los muertos» y también: «No es de este mundo
mi reino». Son voces del profundo
seno de Dios brotadas a su Hijo.

Dejad que al falso Apóstol de Clavijo,
aquel de «¡cierra España!», al iracundo,
fango le den al pie del nauseabundo
trono que no es ya más que un armadijo.

Vas a morir, mi España; mas no importa,
que otra, ya pura, llevas en tu entraña;
larga tu historia, mas tu dicha corta,

vas a morir de parto, ¡gran hazaña!,
y si tu parto de morir no aborta
caerá sobre tu muerte un ¡viva España!

[*De Fuerteventura a París*, 1925; París, 20-XI-1924]

SI caigo aquí, sobre esta tierra verde
mollar y tibia de la dulce Francia,
si caigo aquí donde el hastío muerde
celado en rosas de sutil fragancia,
si caigo aquí, oficina del buen gusto
donde solo el olvido da consuelo,
llevad mi cuerpo al maternal y adusto
páramo que se hermana con el cielo.
Llevadlo a la jugosa enjuta roca
que avara da sus frutos de secano,
tape su polvo mi sedienta boca
que en sed de amor se ha consumido en vano;
esta boca de Dios con que he maldito
bendiciendo a mi patria envilecida,
esta boca en que Dios me puso el grito
que ha sido toda el alma de mi vida;
este cráter que al fuego de mi entraña
le da respiro de aire y clara lumbre,
fuego que del abismo de mi España
trepó a mi boca como a altiva cumbre.
Tape su polvo allí, entre los rastrojos,
donde matan el hambre pordioseros,
tape su polvo con piedad mis ojos
de escudriñar las tristes sombras hueros.
El polvo de mi roca, santo velo,
al sueño de mi duelo guarde en sombra
y no me hiera fiera luz del cielo
de ese Dios de Jacob que no se nombra.
Tape mis pies su polvo, pies cansados
de recorrer mi España, peregrino,
sin su pulso sentir, pies destrozados
por las cruces de tumba del camino.
Tape su polvo mi rendida mano
que aró febril a España con la pluma

e impida que al besarla algún hermano
la manche de su bilis con la espuma.
Tape su polvo mi abatido pecho
donde tu mar entró, Fuerteventura;
con él de roca sempiterno lecho
mi polvo se haga poso de la hondadura.
Raíz mi corazón, polvo de roca,
se haga del santo páramo ermitaño,
del páramo que al otro, al cielo, toca
para juntos parir feliz engaño.
Cubra su polvo, terrenal ceniza,
mi frente al sol curtida, y el *memento*
del cielo de la noche que agoniza
me quite dando paz a mi tormento.
Tape su polvo mis pobres orejas
heridas del silencio de mi casta,
solo mi sangre me daba sus quejas
en mi concha de mar; solo Dios basta.
Tape su polvo las vergüenzas tristes
con que hice carne en tierra de verdugos,
¡ay mi carne española, la que vistes
hambre de siglos y hambre de mendrugos!
Yazga sobre su roca, fiel regazo,
la caña de mi tuétano, que guarda
de su tuétano sales, mi espinazo
que nunca soportó castrense albarda.
Envolvedme en un lienzo de blancura
hecho de lino del que riega el Duero
y al sol de Gredos luego se depura
—soy villano de a pie, no caballero—
no en ese roto harapo gualda y rojo
—bilis y sangre— que enjuga la espada;
honra y no honor, estoy libre de antojo;
embozo de verdugo no es mi almohada.

Y apisonen mi tierra las escarchas
del invierno ceñudo y que no dejen
pasar vivas ni olés ni reales marchas,
ni de Cádiz, que el asco me remejen.
Si caigo aquí, sobre esta baja tierra,
subid mi carne al páramo aterido,
por Dios, por nuestro Dios, el de la guerra,
mas no de los ejércitos, lo pido.
Subidme allá, se hará mi carne roca
y allí, en el yermo, clamará su credo,
daré al desierto de mi patria boca
de gritar a los sordos por el miedo.

[*Romancero del destierro,* 1928; París]

Orhoit gutaz

Pasasteis como pasan por el roble
las hojas que arrebata en primavera
pedrisco intempestivo;
pasasteis, hijos de mi raza noble,
vestida el alma de infantil eusquera,
pasasteis al archivo
de mármol funeral de una iglesiuca
que en el regazo recogido y verde
del Pirineo vasco
al tibio sol del monte se acurruca.
Abajo el Bidasoa va y se pierde
en la mar; un peñasco
recoge de sus olas el gemido,
que pasan, tal las hojas rumorosas,
tal vosotros, oscuros
hijos sumisos del hogar henchido
de silenciosa tradición. Las fosas
que a vuestros huesos, puros,
blancos, les dan de última cuna lecho,
fosas que abrió el cañón en sorda guerra,
no escucharán el canto
de la materna lluvia que el helecho
deja caer en vuestra patria tierra
como celeste llanto…
No escucharán la esquila de la vaca
que en la ladera, al pie del caserío,
dobla su cuello al suelo,
ni a lo lejos la voz de la resaca
de la mar que amamanta a vuestro río
y es canto de consuelo.

Fuisteis como corderos, en los ojos
guardando la sonrisa dolorida
—lágrimas del ocaso—
de vuestras madres —el alma de hinojos—
y en la agonía de la paz la vida
rendisteis al acaso...
¿Por qué?, ¿por qué? Jamás esta pregunta
terrible torturó vuestra inocencia;
nacisteis..., nadie sabe
por qué ni para qué..., ara la yunta
y el campo que ara es toda su conciencia
y canta y vuela el ave...
Orhoit gutaz! Pedís nuestro recuerdo
y una lección nos dais de mansedumbre;
calle el porqué..., vivamos
como habéis muerto, sin porqué, es lo cuerdo...
los ríos a la mar..., es la costumbre
y con ella pasamos...

[*Romancero del destierro*, 1928]

NOTA DE UNAMUNO: «En la pequeña iglesia de Biriatu, orilla del Bidasoa, cerca
de Hendaya, hay un mármol funerario con la lista de los once hijos de Biriatu
que murieron por Francia en la gran guerra. En la cabecera dice: *Bere seme
gerlan hil direneri Biriatu-Ko herriak,* lo que traducido del eusquera o vascuence
al castellano quiere decir: "A sus hijos que han muerto en la guerra el pueblo
de Biriatu". Luego la lista de los muertos [...]. Y debajo: *Orhoit gutaz,* esto es,
"Acordaos de nosotros"».

QUE me habéis envenenado
el pan y el vino del alma,
que habéis hecho estercolero
del lecho en que descansaba,
que habéis desatado en ella
la enfurecida canalla
de diablos que dormían
en el hondón de la casta,
donde los dejaron siglos
de Inquisición porfiada;
que prostituís la Virgen
con vuestras lenguas llagadas
de religiosa mentira
y blasfemáis de la patria;
que hasta envilecéis el odio,
¡tiranuelos de la farsa!,
que le robáis su pobreza,
¡miserables!, a mi España
con esa carnicería
a que el rey llamó cruzada.

¡Dios de mi España rendida,
dame el fuego que le falta;
dame la voz de tu fuego,
haz mi lengua, Señor, brasa!

[*Romancero del destierro*, 1928]

CORRIDA DE BENEFICENCIA

Pobre lirio entre leones
y castillos ¿qué hace allí?,
pálida flor de las ruinas
nacida para morir...
Frente a la roja amapola,
la que ayuda a bien dormir,
la que crece entre los trigos,
promesa de porvenir.
¡Águila de dos cabezas,
abortos has de parir!,
un lirio que suda sangre
y que se agosta en abril.
El toro entre las encinas
que no dobló su cerviz
al yugo con que los bueyes
mantienen plebe infeliz.
Pobre toro que en el coso
de estocada has de morir,
tu sangre abreva en la fiesta
a la canalla servil.
¡Ave César!, ¡pan y toros!,
¡viva la guardia civil!,
¡viva el salvador de España!,
¡viva la Pepa! ¡A morir!

[*Romancero del destierro*, 1928]

78

LA república de Cristo
prepara el reino de Dios;
vayamos a la república
y que el reino venga a nos.

[*Cancionero*, 1953; 14-III-1928]

SI cada día que pasa
nos dejase su canción,
nuestra canción cantaría:
Todo es nuevo bajo el sol.

[*Cancionero*, 1953; 25-III-1928]

LAS letras entran con sangre,
cantó la vieja canción;
las sangres entran con letra,
canta la nueva canción.

[*Cancionero*, 1953; 26-III-1928]

GUÍE a tu pie la cabeza,
piensa bien adónde vas;
y el corazón a tu mano,
de él tus obras sacarás.

[*Cancionero*, 1953; 27-III-1928]

¡QUÉ tontos se han vuelto todos! No hacen sino repetir
las más viejas tonterías; ¡tal es nuestro porvenir!
Prosa, prosa, prosa, prosa, y en prosa lo he de decir
por no callarme; callarme me es lo mismo que morir.
Prosa pura que en pureza da poesía sutil
sin rodeos ni metáforas yendo derecha a su fin.
Prosa que se rinda al canto; el canto le hará sufrir
el yugo del ritmo noble, sin el cual es prosa vil.
Multiplicación y suma, cantándolas aprendí,
mas no se aprende cantando ni a restar ni a dividir.

[*Cancionero*, 1953; 10-IV-28]

A VER, ¿qué tienes que decirte? Aguarda,
el ritmo mismo te traerá la idea
—duerme en el seno del lenguaje mudo—
busca tan solo las palabras; ellas
te crearon el alma y al creártela
te hicieron creador; esto es, poeta.
La canción vuela en busca de unas alas
que en el aire y el vuelo le sostengan,
alma sin cuerpo que suspira ansiosa
y se incorpora en carne de la letra.
Y la letra a su vez nace del vuelo
de la canción a la que ansiosa espera
—cuerpo sin alma—, es un decir tan solo
—como el de alma sin cuerpo—, pues que sueñan.
¿Hace el vuelo las alas o las alas
hacen el vuelo? La cuestión eterna.
Cuestión de que el lenguaje filosofe,
con la filosofía se haga lengua,
y la lengua badajo que le arranque
al corazón su grito de protesta.
Protesta que es saludo y amenaza,
súplica, rezo, insulto, adiós y queja;
queja que es a la vez una pregunta
que se duele de no encontrar respuesta.
Y déjalo, que seguirás mañana,
y en un mañana que aunque pasa, queda...

[*Cancionero*, 1953; 10-IV-28]

CASAR a Shakespeare con Cervantes quiero
y a Browning con Quevedo.

[*Cancionero*, 1953; 10-IV-1928]

BUSCO cabeza a la Victoria alada
de Samotracia, y búscole los brazos
a la Venus de Milo... Aquí te dejo
otro fragmento, y si te place, acábalo.

[*Cancionero*, 1953; 10-IV-1928]

¿QUE de qué sirve la rima?
Unas veces de tarima
para alzarse; ya de lima;
cabos sueltos enracima;
ya nos eleva a la cima;
ya nos sumerge en la sima;
si hay poema que redima,
muchos más hay en que gima;
encadenada si mima
la vacuidad, mas si anima
a hurgar en la lengua opima
al vagabundear oprima,
que al fin nos encauza y prima
mejor libertad. Estima
lo que ley de forma ultima.
Quien a buen árbol se arrima...

[*Cancionero*, 19-IV-1928]

EMPECÉ a escribir la moda
que después de mí llegó,
y ahora escribo —previa poda—
lo que al empezar yo pasó.
Que es mi pasado futuro
lo clásico me enseñó;
vivo en el presente puro...
¿Vanguardismo? ¡No, que no!

[*Cancionero*, 21-IV-1928]

¿MEMORIA?... ¡escoria, victoria y gloria!
¡Lo que enseña la rima, Dios divino!
Rima generatriz, fuente de historia;
que discurra la lengua es nuestro sino.

[*Cancionero*, 14-V-1928]

¡QUÉ débiles los que deben!
el deber, debilidad;
el mundo quiere a los hábiles;
el haber da habilidad.

[*Cancionero*, 5-VI-1928]

RIZOS de sangre en el azul naciente,
el alba del mañana se va a abrir...
es el recuerdo del ayer de siempre,
la sombra del eterno porvenir...

[*Cancionero*, 13-VI-1928]

Oración a Santa Rita

Santa Rita la bendita,
lo que se da no se quita;
con papel y agua bendita,
en el cielo estás escrita...

Santa patrona del rito,
Santa Rita, la bendita,
abogada de imposibles,
Dios nos regala la vida,
haz que al fin no nos la quite.
La tiene en el cielo escrita
en papel azul sin manchas
ni pliegues, mas no con tinta
de noche que no se borre,
sino con agua bendita,
con agua que el Sol enjuga
y que se lleva la brisa.
Abogada de imposibles,
Santa Rita la bendita,
la vida es un don del cielo,
lo que se da no se quita.

[*Cancionero*, 3-VII-1928]

FUEGO puro que se atiza
sin leña de que haga pasto,
lujuria de pecho casto
que no deja ni ceniza.

[*Cancionero*, 8-VII-1928]

EBRO, Miño, Duero, Tajo,
Guadiana y Guadalquivir,
ríos de España, qué trabajo
irse a la mar a morir.

[*Cancionero,* 11-VII-1928]

ÁVILA, Málaga, Cáceres,
Játiva, Mérida, Córdoba,
Ciudad Rodrigo, Sepúlveda,
Úbeda, Arévalo, Frómista,
Zumárraga, Salamanca,
Turégano, Zaragoza,
Lérida, Zamarramala,
Arrancundiaga, Zamora.
Sois nombres de cuerpo entero,
libres, propios, los de nómina,
el tuétano intraducible
de nuestra lengua española.

[*Cancionero*, 12-VII-1928]

CUANDO vivía en París...
¿Vivía? Esperaba el día
De vivir y no vivía...
Cuando no vivía...
Cuando vivía en París...

[*Cancionero*, 9-VIII-1928]

ESPAÑA mía querida,
mi purgatorio perdido,
tus penas me dan la vida,
no puedo darlas a olvido.
Penas me hacen la conciencia,
me tienen siempre despierto,
sin penas pierdo paciencia,
mejor paciente que muerto.
No hay soñar sin pesadilla,
y sin soñar todo es nada,
vaya mi alma, como astilla,
al fuego de la colada.
La paz, hielo, no nos hurga
las ansias del infinito,
solo la congoja purga
la vida, nuestro delito.
España, mi Purgatorio;
aquí a la esperanza espero,
la frontera es mi oratorio,
soñando penas no muero.

[*Cancionero*, 15-VIII-1928]

ENFURTE tu dicho a mazo;
no hay trecho del dicho al hecho,
solo decir es hacer;
séate la lengua brazo;
haz de tu deber derecho,
de tu derecho deber.

[*Cancionero*, 15-VIII-1928]

ANTES buscaba el artista
difícil facilidad;
ahora suda a la conquista
de fácil dificultad.

[*Cancionero*, 19-VIII-1928]

¿PRETENDES desentrañar
las cosas? Pues desentraña
las palabras, que el nombrar
es del existir la entraña.
Hemos construido el sueño
del mundo, la creación,
con dichos; sea tu empeño
rehacer la construcción.
Si aciertas a Dios a darle
su nombre propio, le harás
Dios de veras, y al crearle
tú mismo te crearás.
La lección te pongo en verso
por sujetar su osamenta,
que el hueso del universo
sobre compás se sustenta.

[*Cancionero*, 11-IX-1928]

EN la torre de Babel las lenguas se confundieron;
yo levantaré otra torre a la lengua de mi pueblo.

[*Cancionero,* 21-IX-1928]

VIENE a luz un nuevo día...
¿Nuevo? ¡Qué dulce es soñar!
Nuevo fue el que ayer moría.
¡Tristeza del despertar!

[*Cancionero,* 24-IX-1928]

¿ARTE puro? ¡Un remoquete!
A tu faena, poeta;
pues crear no es jugarreta,
haz tu juego y no juguete.
Jugueteos de juglares,
sin vena de calentura,
darán poesía pura,
no poemas ejemplares.

[*Cancionero*, 26-IX-1928]

EL Cid, Loyola, Pizarro,
Santa Teresa, la Armada,
oro, sudor, sangre, barro,
cielo, sueño, polvo... nada.

[*Cancionero*, 24-XI-1928]

VAIS a la caza de un grado
para cenar, estudiantes;
no sois más que postulantes
y el grado es un postulado.
Vuestro estudio es un preludio
para un cantar de oficina;
miserable disciplina
la de vuestro siervo estudio.

[*Cancionero*, 6-XII-1928]

DESCARTES, Pascal,
Espinosa, Kant,
filosofía monacal
de solteros, solitarios,
adversarios
de la vida natural.

[*Cancionero*, 17-XII-1928]

POBRE burgués proletario
y proletario burgués,
ente estrafalario,
no te quieren comprender,
y eres la clave del orden
y del desorden,
eje del ser o el no ser,
eje del renacimiento,
resentimiento,
fuente de revolución,
resolución;
ateo con Dios, patriota
que busca la derrota,
hombre entero y verdadero,
cimiento duradero,
nudo de contradicción.

[*Cancionero*, 25-XII-1928]

NIÑO viejo, a mi juguete,
al romance castellano,
me di a sacarle las tripas
por mejor matar mis años.
Mas de pronto estremeciose
y se me arredró la mano,
las temblorosas entrañas
vertían sonoro llanto,
con el hueso de la lengua
de la tradición, badajo,
miserere, ave María,
tañían en bronce sacro.
Martirio del pensamiento
tirar palabras a garfio,
juguete de niño viejo,
lenguaje de hueso trágico.

[*Cancionero*, 6-I-1929]

COJO, manco, tuerto o sordo,
hombre entero y verdadero;
basa el alma su entereza
en quebradura del cuerpo.

[*Cancionero,* 15-I-1929]

«EMPERADOR» es un mote
que en nuestra España nació
con Aníbal, el Quijote
de Cartago, y que rodó después
por el orbe entero
arrastrando al matadero
al pueblo que lo ahijó.

[*Cancionero*, 17-I-1929]

SÁLVANOS tú, retórica;
libra a la poesía
de la poética,
líbranos de la estética
y de la algarabía
hipócrita
y de la crítica.
Líbranos de los píos
y de los jipíos,
danos goce impuro
de afán inseguro;
sálvanos, retórica.

[*Cancionero*, 4-II-1929]

JUAN de la Cruz, madrecito,
alma de sonrisa seria,
que sigues tu senderito
por tinieblas de miseria,
de la mano suave y fuerte
de tu padraza Teresa,
la que corteja a la muerte,
la vida cómo te pesa.
Marchas por la noche oscura,
te va guiando la brisa,
te quitas de toda hechura,
te basta con la sonrisa.
De Dios el silencio santo,
colmo de noche sin luna,
vas llenando con tu canto,
para Dios canto de cuna.
Madrecito de esperanza,
nuestra desesperación
gracias a tu canto alcanza
a adormecer la razón.

[*Cancionero*, 11-II-1929]

CONSUELO en el desconsuelo,
razón de la sin-razón;
a la esperanza da suelo
firme desesperación.

[*Cancionero*, 28-II-1929]

ME destierro a la memoria,
voy a vivir del recuerdo;
buscadme, si me os pierdo,
en el yermo de la historia,
que es enfermedad la vida
y muero viviendo enfermo;
me voy, pues, me voy al yermo
donde la muerte me olvida.
Y os llevo conmigo, hermanos,
para poblar mi desierto;
cuando me creáis más muerto
retemblaré en vuestras manos.
Aquí os dejo mi alma-libro,
hombre-mundo verdadero;
cuando vibres todo entero
soy yo, lector, que en ti vibro.

[*Cancionero*, 9-III-1929]

LA poesía y el juego
¡fuego, fuego!
La producción y el consumo
¡humo, humo!

[*Cancionero*, 9-III-1929]

¿SE acabará el combate,
Señor, con la victoria?
¿Se acabará la historia?
¿Vendrá el remate?
¿Y qué haré, luchador?
Ahórrame la victoria, Señor.

[*Cancionero*, 10-III-1929]

¿EL hombre? El hombre es el diccionario
del universo;
su destino final —y su calvario—
ponerse en verso.

[*Cancionero,* 11-III-1929]

LOS gorriones en el alambre
del teléfono sus caricias
se cambian; no es que tengan hambre,
ni mucho menos, de noticias.

[*Cancionero*, 14-III-1929]

TÚ, Virgen de los Dolores,
Conciencia del Universo,
da a mi doloroso verso
la eternidad de las flores,
sueños del último amor;
dormir sin pena ni gloria
es la nada sin historia;
la conciencia es el dolor.
El que no pena no siente,
el que no siente no vive,
y al no vivir no concibe
cosa que al hacerle frente
le haga de nada ser cosa,
y se pierde en la hondonada
del no ser, que no es ni nada,
Virgen Todopoderosa.

[*Cancionero*, 8-IV-1929]

BALADA = BAILE

Cada vez que considero
que me tengo que morir
tiendo la capa en el suelo
y no me harto de dormir;
cantaba el cantor y el pueblo
venga bailar y bailar,
que la pena es de consuelo
cuando cuaja en un cantar.

[*Cancionero*, 16-IV-1929]

LENTEJAS DE SALAMANCA

Estas sabrosas lentejas
me traen sabor al terruño
que a mi lengua le dio el cuño
de su saber; sus consejas
—mies también de los sembrados—
me alimentan las canciones,
consejas de corazones
de terruño; sosegados
me vuelven los días idos
—el porvenir es memoria—
y me visitan en gloria
los recuerdos florecidos.

[*Cancionero*, 2-VI-1929]

DE cisne es la garganta
que expira la canción
que expirando se canta
y no en inspiración.
Se nos corta el aliento
al soplar la verdad,
la canción del momento
y de la eternidad.

[*Cancionero*, 4-VI-1929]

ABONÉ la maleza
y ella me dio bonanza;
de un pozo de tristeza
saqué esperanza.

[*Cancionero*, 14-VI-1929]

GUARDA en hucha tu tesoro
rebozado en oropel,
porque si el tiempo es de oro,
la *eternidá* es de papel.

[*Cancionero*, 23-VI-1929]

LEER, leer, leer; vivir la vida
que otros soñaron;
leer, leer, leer; el alma olvida
las cosas que pasaron;
se queda en las que quedan, las ficciones,
las flores de la pluma,
las solas, las humanas creaciones,
el poso de la espuma.
Leer, leer, leer; ¿seré lectura
mañana también yo?
¿Seré mi creador, mi criatura,
seré lo que pasó?

[*Cancionero*, 12-VII-1929]

DEL dicho al hecho no hay trecho;
nacen sobre el mismo lecho,
viven bajo el mismo techo
en abrazo el más estrecho,
y mueren al mismo acecho.

[*Cancionero,* 29-VII-1929]

NO hay más cosa que el camino;
sé caminante, y harás
que según llegue el destino
vaya quedando detrás.

[*Cancionero,* 2-VIII-1929]

ARRIMA palabras, rima;
ve soldando tetraedros;
ya vendrá el soplo que anima;
de cristales hará cedros.

[*Cancionero*, 12-VIII-1929]

RIMA, dime
la palabra que redime
del pensar que al pecho oprime;
dame rima a que me arrime,
que me anime.

[*Cancionero,* 9-X-1929]

VIVO de sueños soñados
sin saber que los soñé;
los sueños de antepasados
que al despertar olvidé.
Vivo de soñados sueños
que me soñaron a mí,
ya sombríos, ya risueños;
los sueños de que nací.

[*Cancionero*, 27-X-1929]

SOBRE tierra desdiosada,
ay del alma deshuesada,
que ya no se tiene en pie;
el oriente, el occidente,
el pasado y el presente,
el porvenir se nos fue.

[*Cancionero*, 17-XI-1929]

ME vi en yeso,
sentí frío;
sentí el peso
del vacío.

[*Cancionero*, 25-XI-1929]

ES el vivir quietamente
venero de la inquietud;
es al descansar la mente
cuando pierde la salud.
Mientras vivas en la tierra
nunca de paz gustarás;
o contigo mismo guerra,
o guerra con los demás.

[*Cancionero,* 29-XI-1929]

COMO una gota de aceite
en la mar embravecida,
soledad, con el deleite
de flotar libre en la vida.

[*Cancionero*, 3-XII-1929]

CON sueños estás tejido,
corazón;
tu tela suelta un gemido
al rasgarla la razón.
Cantaba Dios al tejerte;
su telar
era el cantar de la muerte,
el canto del despertar.
En tu envés puso pintada
creación;
pintó en tu revés la nada,
retrato de su pasión.

[*Cancionero*, 6-XII-1929]

EN sueños viajo por mi pobre casa
—la alcoba, el comedor, la librería—
el mundo entero en que mi amor vivía
y en que todo se queda y nada pasa.
En sueños soy doméstico viajero
que pregunta a la Esfinge su destino
y ella calla, plantada en el camino,
portera del Señor, nuestro casero.

[*Cancionero,* 21-XII-1929]

EN sal de lágrimas lentas
se sume raudal de risas;
suelta la mar en sus brisas
largo llanto de tormentas.

[*Cancionero,* 28-XII-1929]

¿QUÉ me dices, recobrado
Carrión, de mi Bidasoa?
No puedo seguir, el hilo
se me corta de las glosas.
Bajo el silencio del cielo
y al arrimo de tus ondas
se aduermen, Carrión, seis años
de fatídicas memorias.
Un cárcavo sobre un cuérnago
vierte lágrimas de aurora;
soñando en la mar el páramo
va tejiéndonos la historia.

[*Cancionero*; Palencia, 4 de marzo, 1930]

ROCÍO del amanecer,
mi creación de cada día;
filosofía, poesía,
¡viejas estrellas, naced!

[*Cancionero,* 29-III-1930]

HE aquí mi confesión,
este rimado diario,
y como en un diccionario
puede anidar la canción.

[*Cancionero*, 17-VI-1930]

MISTERIO; la noche brilla
de Dios, polvo de sus huellas;
el corazón se arrodilla
y se da un baño de estrellas.

[*Cancionero*, 27-VI-1930]

TEN sosiego en la congoja
ya que el Señor con su criba
te ahechará cuando arriba
del azul su mies recoja.
Doméñate a dar tu sí
a la seña de su diestra;
mira que esta gana nuestra
se desgana vuelta en sí.
Cuando reces cada día:
«¡Hágase tu voluntad!»
hazte a la seria verdad
de cuán triste es la alegría.
La risa flota en el llanto
y en su hondón el sueño posa,
ni en el sueño hay otra cosa
que aquel refrán: «¡Santo! ¡Santo!».
Que el porvenir se te acabe
te hace congoja escondida;
ten sosiego, pon tu vida
sobre estribo de «¡quién sabe!».

[*Cancionero*, 1-VII-1930]

142

TE vendrá ayer cual se te fue mañana
y se te enroscarán los eslabones
y sentirás cómo tu triste gana
se te arrece en las mismas desazones.
Y dudarás si fuiste o si no has sido,
si se perdió al comienzo tu ventura,
si es que el recuerdo es hijo del olvido
y lo que pasa es lo único que dura.
En el vacío, inmenso monasterio,
da vueltas sobre sí una sola hora
la eternidad, el único misterio,
que devoramos y que nos devora.

[*Cancionero*, 24-VII-1930]

SALAMANCA, Salamanca,
renaciente maravilla,
académica palanca
de mi visión de Castilla.
Oro en sillares de soto
de las riberas del Tormes,
de viejo saber remoto
guardas recuerdos conformes.
Hechizo salmanticense
de pedantesca dulzura;
gramática del Brocense,
florón de literatura.
Ay mi Castilla latina
con raíz gramatical,
ay tierra que se declina
por luz sobrenatural.

[*Cancionero*, 18-VIII-1930]

HERVÁS con sus castañares
recoletos en la falda
de la sierra que hace espalda
a Castilla; sus telares
reliquia de economía
medieval que el siglo abroga,
y a un rincón la sinagoga
en que la grey se reunía,
que hoy añora la verdura
de España, la que regara
con su lloro —de él no avara—
el zaguán de Extremadura.

[*Cancionero,* 31-VIII-1930]

CASTILLA desmantelada,
sin foso ni fortaleza,
se abre toda en la llanada
con castellana llaneza.
Sus castillos ya ruinas
los corroyó por España
la salina ultramarina
que el ocaso del sol baña.
«Más allá» dijo, y saltó
a la sal, dándose entera,
y si su alma rescató,
dejó su cuerpo en salmuera.
Su lengua entregó a la ola
que dos mundos agavilla
y al hacerla así española
se hizo española Castilla.
Los restos de sus castillos
hoy cuando se pone el sol
entre ensangrentados brillos
le saludan español.

[*Cancionero*, 3-IX-1930]

OTRA vez en el tren; fluyen los campos,
viene tierra y se va,
y vuelven los recuerdos de otros viajes;
¿otros? El mismo siempre, el mismo, el viaje eterno.
Ay, mi Castilla, que te quedas siempre
como tus ríos,
que yéndose a la mar siempre se quedan;
ay, mi Castilla, junto al tren que pasa
los surcos de rastrojos que desfilan,
los surcos de recuerdos;
tierra de fin de estío como el pan morena;
los surcos de los años,
y mis recuerdos hechos ya harina de flor de trigo,
harina para el pan de eternidad.
Otra vez en el tren; fluyen los campos;
viene tierra y se va.

[*Cancionero*, 7-IX-1930]

SENCILLEZ alambicada,
consiste en el molde el modo;
parece no decir nada
mientras no da a entender todo.

[*Cancionero,* 28-IX-1930]

HABLANDO a solas conmigo,
o contigo, si eres yo,
no sé qué es lo que me digo
ni si me lo digo o no.
A solas callan las olas
bajo el cielo, en la alta mar
donde no hay nave, y a solas
las almas dan en callar.

[*Cancionero,* 3-X-1930]

TUS quejas olas de aceite
que levanta soplo de arte,
no te duelen, pues deleite
se ve que hallas en quejarte.

[*Cancionero*, 16-X-1930]

AY, bisonte de Altamira,
te tragó el león de España;
fue por hambre, no por saña,
y el león ahora delira
porque en su sangre te lleva,
troglodítico bisonte,
bestia salvaje en el monte,
sueño mágico en la cueva.
El león sueña contigo,
con tu melena y tus cuernos;
sueña el león tus eternos
hechizos como un castigo.
Que tú le abrasas la entraña,
ay, bisonte de Altamira,
y el pobre león delira,
y con él delira España.
Mistagógico bisonte
del cielo de la caverna,
protoibérica taberna,
tinieblas por horizonte;
¿a qué luz de íntimo fuego
te trazó segura mano
de soñador soberano
que aún nos enturbia el sosiego?
Pobre león, cómo lloras,
que el sol el soñar te quita,
y la sangre se te irrita
mientras recuerdos devoras.

[*Cancionero*, 16-X-1930]

CAVERNARIO bisonteo,
tenebroso rito mágico,
introito del culto trágico,
que culmina en el toreo.
Ay, cueva la de Altamira,
libre de sol, santo coso
del instinto religioso
que a un cielo de carne aspira.
España de antes de Adán
y de Eva y su paraíso,
cuando a los hombres Dios quiso
dar hambre por todo pan.

[*Cancionero*, 22-X-1930]

¿ES que se secó la fuente?
¿o es que el agua, soterraña,
duerme su sueño en la entraña
donde la luz no le miente?
Espejo de las tinieblas
calla quieta muerte en vida
y en hondo reposo olvida
espejismos de las nieblas.
Agua sin luz, agua pura,
agua que duerme su sueño
mientras que abraza a su dueño
en tinieblas de la hondura.

[*Cancionero,* 27-V-1931]

A Margarita Xirgu

IR muriendo poco a poco
desde el día en que nací,
es para volverse loco,
¡ay de mí!
Que la vida que se pasa,
contenido frenesí,
no cabe dentro de casa,
¡ay de mí!
No ver en lo venidero
sino lo que siempre vi,
volver siempre a lo primero,
¡ay de mí!
¡Ay de mí!, ángel caído,
que en la vida me perdí;
temblar de cara al olvido,
¡ay de mí!

[*Cancionero*, 25-X-1932]

LA hondura de la sima, no su anchura,
nos da que estremecer en el sendero
al ir a dar el salto derechero
con las muletas. ¡Dios! de la fe pura;
el salto que nos lleve en derechura
del todo de la nada pasajero
a la nada del todo duradero
sin estrellas que le hagan de envoltura.
Tinieblas es la luz donde hay luz sola,
mar sin fondo, sin haz y sin ribera,
sin brisa de aire que levante en ola
la vida, nuestra vida verdadera;
la vida, esta esperanza que se inmola
y vive así, inmolándose, en espera.

[*Cancionero*, 27-XII-1933]

AY, mi porvenir pasado,
mi pasado venidero;
soler, meollo del hado,
y solo hito verdadero.
Los tiempos como los ríos,
la eternidad es su mar;
transcurrir entre desvíos
sin soler nunca acabar.

[*Cancionero*, 5-VII-1934]

PASÓ por el mundo ayuno
de toda mundanidad;
para él lo único oportuno
fue la inoportunidad.

[*Cancionero,* 29-VII-1934]

A FIJAR con ritmo y rima
el fluyente pensamiento
y bien contorneado a lima
a darle firme cimiento.
A sujetar todo el coro
de la humanidad al verso
y en un átomo sonoro
a encerrar el universo.

[*Cancionero,* 5-VIII-1934]

ESE que imitando a todos
se mantiene original
es que alumbra por recodos
aguas de su manantial.

[*Cancionero,* 6-VIII-1934]

ESTÁ aquí
más dentro de mí que yo mismo;
está aquí, sí;
en el divino abismo
en que huidiza eternidad se espeja
y en su inmortal sosiego
se sosiega mi queja.
¿Mas cómo pude andar tan ciego
que no vi que era su vista
la que hacía mi conquista,
día a día, del mundo que pasaba?
Ella vivía al día y me esperaba.
Y esperándome sigue en otra esfera;
la muerte es otra espera.
Aquel sosiego henchido de resignación;
sus ojos de silencio; aquel resón
del silencio de Dios a mi pregunta
mientras Él como a yunta
con mano todopoderosa
nos hizo arar la vida;
esta vida tan preciosa
en que creí no creer pues me bastaba
su fe, la de ella, su fe henchida
de un santo no saber, de que sacaba
su simple y puro ver.
Que mientras me miraba
vi en su mirada el fondo de mi ser.
En su regazo
de madre virginal
recogí con mi abrazo
las aguas del divino manantial
que pues no tuvo origen
no tendrá fin; aguas que rigen
nuestro santo contento,

la entrañada costumbre
que guarda eternidad en el momento.
¡Ay sus ojos, su lumbre
de recatada estrella
que arraiga en lo infinito del amor,
y en que sentí la huella
de los pies del Señor!
Está aquí, está aquí, siempre conmigo,
de todo aparentar al fin desnuda;
está aquí, al abrigo
del sino y de la duda.

[*Cancionero*, Santander, 6-VIII-1934; Concepción Lizárraga había muerto el 15-V-1934]

HORAS de espera, vacías
de cuanto no es esperanza,
son horas que hacen los días
y los años de bonanza.
El cielo siempre risueño;
eterno, divino engaño;
porvenir, hijo del sueño,
todo lo otro le es extraño.
Soñar, soñar que se sueña,
y a la esperanza esperar;
y en el vacío esta seña:
«¡Empezar es acabar!».

[*Cancionero*, 9-VIII-1934]

AQUÍ quedáis, mis momentos;
con el ritmo aquí os fijé;
¿o es que en vuestros fundamentos
también yo me quedaré?
Dios mío, este yo ¡ay de mí!
se me está yendo en cantares;
pero en mi mundo es así;
los seres se hacen estares.

[*Cancionero,* 10-VIII-1934]

HAY que recoger la vida,
la vida que se nos va,
cual se nos vino, escondida
del más allí al más acá.
Y se va por donde vino,
embozada en el misterio;
va abriéndose su camino;
mira siempre al cementerio.
Hay que recoger la vida,
que otra vez ya no vendrá,
como se nos va, escondida
del más aquí al más allá.

[*Cancionero*, 17-VIII-1934]

A Federico García Lorca

¡ESPAÑOL, español,
saca los pechos y ponte al sol!
Llévate a cuestas la casa;
el vivido es lo que pasa,
lo que queda el porvivir;
mañana será otro día,
cada día su alegría,
con su pena de sufrir;
cada día su mañana,
con la santísima gana
de cantar.
Quién nos quita lo vivido,
en el seno del olvido
el descanso de soñar.

[*Cancionero*, 25-VIII-1934]

EL alma de la carne me llevaste,
alma de mi alma,
dejándome vacío y sin contraste
de mortal calma.
Tu alma de carne encarnó en mi linaje,
alma de mi alma,
mi compañera en el terrestre viaje,
de la mano de Dios bajo la palma.
«Y serán dos en una carne sola»
dijo, y formamos los dos
bajo el cielo una sola
del abismo de Dios.
Bien fue tu nombre Concepción,
¡concha de mi elección!
Me diste tú el espíritu carnal,
el limpio y casto y puro
santo candor de la vida animal
libre de todo mal oscuro.
En tu regazo, virginal sosiego;
en tu regazo
donde se me hizo luz el fuego.
Fuente de vida hallé en tu abrazo;
dentro en tus ojos de saber sereno
vi al conocerte que el mundo era bueno;
tú me llenaste,
y ahora ya huérfano en mi viudez
tú, que me guiaste
en este pobre suelo,
me vuelves, madre, a la última niñez,
que me es un cielo.

[*Cancionero,* 29-VIII-1934; véase poema
fechado el 6-VIII-34 en Santander]

YO soy mi rey, sí, ¿pero y los ministros?
La visión sorda y la palabra ciega.
Se va la vida sin llegar la muerte,
y cuando llega, ¿qué es lo que nos queda?
Reino sin rey, peor que rey sin reino,
y sin cimiento, al aire, la conciencia.
Iréis, sin ojos, mis pobres palabras
Buscándome la boca hecha ya tierra.
«¡Yo sé quién soy!» ¡Ay, pobre Don Quijote,
caballero sin fin de la Quimera!
Y duerme Sancho, sin soñar, sereno,
sordo y ciego en el goce de la siesta.
Pobre Edipo, que presa de la Esfinge
los ojos se sacó así que viera
la verdad de su error, la culpa adámica
de haber probado el fruto de la ciencia.
Yo soy mi rey, sí, ¿pero y los ministros?
La visión sorda y la palabra ciega.

[*Cancionero,* 21-IX-1934]

— ¿ME quieres mucho? —¡Sí, mucho!
— ¿Aún más que la trucha al trucho?
¡Digan que el amor es ducho
cuando le entra el arrechucho!

[*Cancionero*, 22-II-1935]

CAMINO va de la noche
—tras el horizonte está—
va cantando en el camino
para las penas matar.
Sus cantares por el aire
hasta el cielo van a dar;
la muerte se va viniendo
según la vida se va.
«Todo está dicho» se dice
y este es su último cantar.

[*Cancionero*, Palencia, 29-III-1935]

AY, quisiera asirte,
canción sin palabras,
y antes que partirte
recoger la labra
de tu puro son,
desnuda canción.
Ay, pero el sentido
que no logro darte
me quita el sentido;
del pecho me parte
todo el corazón
tu íntimo resón.

[Salamanca, 10-IV-1936]

CUÁN me pesa esta bóveda estrellada
de la noche del mundo, calabozo
del alma en pena que no puede el gozo
de su todo gozar, prendida en nada.
Ay, pobre mi alma eterna encadenada
de la ilusión del ser con el embozo
de la verdad de veras en el pozo
en que está para siempre confinada.
Qué chico se me viene el universo,
¿y qué habrá más allá del infinito,
de esa bóveda hostil en el reverso,
por donde nace y donde muere el mito?
Deje al menos en este pobre verso
de nuestro eterno anhelo el postrer hito.

[*Cancionero*, 21-XII-1936]

DOS sonetos cantándome en francés:
«Quand vous serez bien vieille» claro y corriente,
«Je suis le ténébreux» hosco y ardiente,
llevan mi fantasía por sus pies.
Ronsard muéstrase entero en el envés
de su canto rendido y renaciente;
Nerval —¡cuerda fatal!— está pendiente
de su «torre abolida» en el revés.
Y yo en mi hogar, hoy cárcel desdichosa,
sueño en mis días de la libre Francia,
en la suerte de España desastrosa,
y en la guerra civil que ya en mi infancia
libró a mi seso de la dura losa
del arca santa de la podre rancia.

[*Cancionero*, 25-XII-1936]

Au fait, se disait-il à lui même, il parait que mon destin est de mourir en rêvant.
STENDHAL, *Le Rouge el le Noir,* LXX.

MORIR soñando, sí, mas si se sueña
morir, la muerte es sueño; una ventana
hacia el vacío; no soñar; nirvana;
del tiempo al fin la eternidad se adueña.
Vivir el día de hoy bajo la enseña
del ayer deshaciéndose en mañana;
¿vivir encadenado a la desgana
es acaso vivir? ¿Y esto qué enseña?
¿Soñar la muerte no es matar el sueño?
¿Vivir el sueño no es matar la vida?
¿A qué al poner en ello tanto empeño
aprender lo que al punto al fin se olvida
escudriñando el implacable ceño
—cielo desierto— del eterno dueño?

[*Cancionero,* 28-XII-1936]

Conocedor de numerosas lenguas clásicas y modernas, incluidas las cinco habladas en la península ibérica, **Miguel de Unamuno** (Bilbao, 1864-Salamanca, 1936) cultivó todos los géneros literarios, en los que dejó obras maestras como el ensayo *El sentimiento trágico de la vida* (1913), la novela *Niebla* (1914) o el drama *El otro* (1926). Rector de la Universidad de Salamanca y diputado en las Cortes constituyentes de la Segunda República, sus críticas a la monarquía de Alfonso XIII y a la dictadura de Primo de Rivera le costaron un largo destierro, que se prolongó entre 1924 y 1930, repartido entre Fuerteventura, París y Hendaya. Gran articulista y epistológrafo, pero poeta por encima de todo, compuso textos incomparables como *El Cristo de Velázquez* (1920), *De Fuerteventura a París* (1925) o el *Cancionero*, diario poético de sus últimos ocho años de vida, publicado póstumamente en Buenos Aires.

«Danos, Señor, la agitación eterna»
(UNAMUNO, *Calma*, 1908)

PpQ

Ahora que ser joven no parece invitar a la aventura de leerlos, ni ser mayor a la de revisitarlos y reconocerse en ellos, *Poetas para Qué* cede la palabra a los clásicos. Que no lo son, como diría Joan Fuster, por antiguos, sino porque siguen siendo modernos. Ahora que el mundo se arma hasta los dientes, *Poetas para Qué* refuerza la inteligencia con la palabra pacificadora de la poesía. Ofrece la obra esencial de poetas clásicos acompañada de una lectura personal de poetas contemporáneos

MIGUEL DE UNAMUNO **José Luis Gallero**
ANTONIO MACHADO **José María Parreño**
ROSALÍA DE CASTRO **Begoña Paz**
ALONSO QUESADA **Juan Manuel Bonet**
JUAN RAMÓN JIMÉNEZ **Julia Castillo**
GARCILASO DE LA VEGA **Ana María Cuervo**
JOAN VINYOLI **Vicenç Altaió**
FRANCISCO DE QUEVEDO **Lucas Martí Domken**
FEDERICO GARCÍA LORCA **María Isabel Cuena**
UXÍO NOVONEYRA **Branca Novoneyra**
JUAN DE LA CRUZ **Gonzalo García Pino**
SALVAT-PAPASSEIT **Manuel Guerrero Brullet**
JUANA INÉS DE LA CRUZ **Esther Ramón**
POESÍA VISUAL HISPANA **Javier Arnaldo**
CANTIGAS DE AMIGO **Nacho Fernández Rocafort**
CÉSAR VALLEJO **Mar García Lozano**
MIGUEL ÁNGEL ASTURIAS, MACEDONIO FERNÁNDEZ,
ELENA GARRO *y otros poetas tapados*
por su propia obra **Daniel Bolado**